扳手翻轉人生
耀動時尚

張家現　著

引言
一個世代的崛起 見證兩岸交流的歷史

　　本書主人翁阿發的故事，代表著一個世代的崛起，也是許多成功台商的共同經歷。這些台商的學歷可能不高，但他們肯學習且衝勁十足，為了成就自己的事業，願意走出台灣投入不可知的大陸市場，他們有些人土法煉鋼，有些人結合國際大廠技術，都順利在大陸闖出一片天地，並帶動大陸經濟倍數成長，也為自己積累了大量財富。

　　八十年代起，在經濟學台灣的口號下，大陸官方展開雙臂迎接台商，台灣接單、大陸生產成為顯學，台灣和國際大廠都搶進大陸設廠，靠著大陸便宜的勞力，讓台灣電子製造業成為一方之霸。阿發正是上百家為台商建廠的中小型設備支援廠商之一，他們度過了風光的歲月，可惜，歷經十多年合作，大陸當地的協力廠商已學會技術，國際品牌大廠也不必再透過台灣人居間協助，許多中小型的台商開始退出市場，阿發先一步急流勇退帶著財富返台，過著輕鬆的半退休生活。

　　過著半退休生活的阿發，一直尋求新的機會。他看見了大陸蓬勃發展的內需經濟，及正在萌芽的文化需求，俗話說：富過三代、才知如何吃穿！眼見大陸文化產業正在興起，台灣的流行音樂橫掃大陸，周杰倫、蕭敬騰和費玉清等歌手在大陸紅得發紫，相對流行音樂，台灣本土傳統藝術家卻無路可走，讓阿發興起將台灣藝術家推向大陸市場的念頭。

回台十來年，阿發一直在做兩岸文化交流工作，在大陸國家畫院劉勃舒院長的指導下成為獨立策展人，非科班出身的阿發所策之展受到產官學界的重視，可從本書附錄五個案例中管窺一二。事實上，看好兩岸文化交流的人很多，也有很多人投入，我們姑且稱他們「阿發們」，可惜，隨著兩岸政治環境的改變，文化變成敏感的字眼，政治上的障礙，讓這些阿發們很多都被打成台奸，阿發也受到傷害，台灣藝術家登陸尋求新市場的計畫，也只能暫時中止。

　　這本書不但是一本精彩創新的勵志小說，也見證了近三十年來，兩岸交流的歷史，從經濟的合作、競爭，到現在的政治對抗。本書在編輯企劃上共分四大篇，每一篇以代表該篇內容意象的名家畫作做為開場；每篇的「重點摘要」提綱挈領，便利讀者掌握該篇章節，引導讀者快速進入該篇情境，並誘發讀者深層思考；為提高讀者閱讀樂趣，全書結合年輕手繪藝術家搭配圖文手繪近四十幅插畫，以及二十幀名家畫作，增加藝術時尚價值，讓閱讀篇章同時也享受一場藝術視覺饗宴。

　　本書編輯力求完善，如有未盡妥善之處，尚祈先進不吝指正；本書也是許多台商共同的故事，如有雷同純屬巧合！

1977 麵攤洗碗童

從小寄養在阿嬤家，生活在豬屠口流氓窟，童年在路邊攤洗碗長大，國一重回母親懷抱，在學校被霸凌，持扁鑽殺出生存之道。

1994 砲營測量兵

服兵役期間，因酒店工作的歷練，在軍營中善於逢迎拍馬、互利共生；誤拉槍機，憑藉機智安然脫身；經部隊的洗禮，心智更加成熟。

1988 酒店少爺

高中因辦舞會賣舞票，被勒令退學，17歲進入酒店當少爺，六年裡從逞兇鬥狠的黑暗社會，觀察人性險惡，學到更柔軟身段。

2018 潮牌合夥人

47歲考進臺師大國際時尚碩士班,十四個月通過口試取得學位,創EMBA記錄;以文化藝術時尚資源成為MF潮牌合夥人。

2005 藝術策展人

35歲成功脫貧,毅然收掉事業,一趟北京釣魚台之宴開啓藝術策展之路,從事兩岸文化交流,北京大學中華文化論壇專家代表。

1996 扳手工人

25歲在蘆洲工廠以扳手拆裝天車,告別東家後,拿著母親湊來的25萬隻身到大陸闖蕩,歷盡艱辛,成為無塵室天車業界傳奇。

情境引導，每篇後的「重點摘要」提綱挈領，引導讀者進入該篇情境，並誘發深層思考。

名家畫作視覺饗宴，全書20幀兩岸名家畫作及作者個人收藏的藝術畫作，賞心悅目增加閱讀愉悅；每一篇都以代表該篇內容意象的名家畫作做為開場，氣勢磅礡。

40幅年輕插畫藝術家手繪水彩插圖，演繹如戲劇般的傳奇故事，版面活潑新穎，搭配圖文版面創新活潑有趣，讓閱讀饒富興味。

本書舉5個兩岸文化策展案例，從摘要、作品賞析與新聞剪影，分享策展經驗成果，透析藝術策展高深的學問。

推薦序
阿發的故事

　　這是一本勵志的書，相信正處於徬徨不安、無所適從的年輕人，細讀此書，必定重拾希望。

　　這也是一本描述 70~90 年代，臺灣基層社會人們努力討生活的實錄。

　　阿發的成長與際遇，見證臺灣經濟起飛、兩岸交流新契機、臺商西進風起雲湧、大陸社會快速成長。

　　聰明人急流勇退、淬鍊精進、耀動時尚、推動兩岸文化交流、為建構快意人生繼續努力。

　　認識《扳手翻轉人生・耀動時尚》故事的主人翁「阿發」張家現先生，是在臺師大國際時尚高階管理碩士在職專班我的課堂上，他總是專注聆聽，偶爾提問，常利用下課休息分享他攜帶至課堂的書畫卷，因而知道他是一位熟悉當代畫壇、熱衷推動兩岸文化交流的策展人。課程結束後不久，2019 年 10 月間他送來了碩士論文《建構中華文化合作示範區之可行性研究─以杭州市文化合作模式為例》，請我擔任論文口試委員之一，我當下便答應了，一方面這曾是我關注且試著推動的主題，另一方面也想了解家現的想法。

　　座落在臺灣嘉義縣太保市的故宮南部院區，佔地 70 公頃，其中 50 公頃預定招攬民間業界合作開發，原計畫以故宮博物院為核心，結合旅宿業、文創開發、悠閒育樂，並利用附近設有的大型醫療設施，串聯嘉義縣阿里山、玉山、布袋漁港鹽田博物館、東石港蚵田、鰲鼓濕地、北回歸線等文化生態景點，形成養生、養老、旅遊最佳之地。家現的論文重點竟與我未落實的故宮南部院區建構開發想法不謀而合，令我十分驚喜，除予以高分肯定外，也鼓勵他落實執行。 家現以 14 個月取得碩士學位，除見證他求知若渴、努力不懈的毅力外，更展現了他是一位有實務經驗、有創意、有想法、求新求變、準備就緒的人，他的社會歷練早已遠遠超過他取得的一紙文憑。

然而真正認識家現是他親自送來《扳手翻轉人生‧耀動時尚》並向我娓娓講述阿發的故事，一個不向命運屈服力爭上游的中輟生，一位「英雄不怕出身低」豪氣干雲的中年人，親自撰述自己的故事分外真切。出生於 70 年代臺灣基層社會的阿發，從小跟著祖母在臺北市雙連市場文昌君廟前擺攤度日，賣的是臺灣市井小吃，母親是位「養樂多媽媽」，這是從日本引進一種酵母乳飲料以及特殊的行銷 方式，由婦女騎著腳踏車挨家挨戶送貨銷售，阿發的媽媽終日辛勤養活了一家子。這樣環境生活下的阿發，高二輟學轉向聲色行業，在 80 年代臺灣極流行的舞廳與歌廳間流轉，累積了豐富的社會經驗，這時候的阿發已展現出江湖義氣，照顧這行業中的弱勢族群。尚好當時臺灣男子在成長過程中必須服義務兵役，這給予阿發離開紙醉金迷場所的機會，兩年砲兵營軍旅生活，讓阿發淬鍊成長，不再年少輕狂，退伍後踏實工作，成為一位拼裝起重機的扳手工人，開啟阿發人生的另一篇章。阿發聰明、機靈、敢衝、努力、有夢想，90 年代兩岸交流，提供了許多機會，阿發掌握了臺商西進的契機，也啟動了人生的轉捩點。

　　《扳手翻轉人生‧耀動時尚》敘述的雖是阿發的故事，但卻深刻記錄下 70 年代迄今臺灣社會的變化、兩岸交流後臺商在大陸發展的機會與困難，以及中國的快速變化。本書在編輯上最大特點，是作者寫書的同時與年輕畫家橘枳合作，共同創作了 38 張水彩插畫，以圖像記錄阿發的成長茁壯過程，當然也豐富了本書的編排。據家現告知，新書發表會的同時，也將同步推出畫展，為年輕畫家製造更多的展覽機會。這就是故事主人翁阿發的個性，周到義氣、喜好藝文、充滿創意，期盼他書畫雙收，再度旗開得勝。是為序。

馮明珠

臺北故宮博物院前院長

推薦序
逆境中不氣餒，勇敢正向面對
實現人生的華麗蛻變和逆襲

　　每個人的一生中都會有各種各樣的人生際遇和命運轉折，這當中往往是危機和機遇並存，痛苦與快樂交織，挫折與成功相伴。因為往昔的因果，人們會有不同的出身、不同的家境，因而有著各自不同的人生起跑線。雖然對於很多人來說，人生的起點常常會落後，而且前路漫漫、充滿坎坷，但只要心懷希望，敢於面對困難，在逆境中奮力前行，相信風雨總會過去，天空依然會有彩虹；艱辛的跋涉之後總會有美麗的風景。

　　阿發的童年家境貧寒，小小年紀就要靠蹲在路邊洗碗，幼小心靈中缺少家庭的溫暖和親情的呵護，但也因此練就了堅強的個性和吃苦耐勞品格。上了國中，回到了母親身邊，發覺家裡生活狀況非常的窘迫，但他並沒有因此而怨天尤人和意識消沉，而是奮發努力。十七歲就走向社會，努力從事各種工作，立志改善家裡的環境。這期間，雖然接觸過很多不同的行業，但阿發始終能夠清心自守，沒有迷失了自己。退伍之後，正好遇到去大陸創業的良好機遇，大陸方面給予臺商各種優惠政策和待遇，為阿發的提供了良好的營商環境，對此他一直心存感激。創業難免會有波折，事業並非一路順遂，憑借著不怕難、不氣餒的意識品格，他終於事業有成。此後更是順利通過了大學的國際時尚課程，進而成為文化產業的獨立策展人。他樂於資助藝文工作的朋友，也時常提出一些文化產業的政策。近年來，阿發也致力於海峽兩岸的文化交流，希望增進兩岸的相互了解，推動兩岸的和平發展。他協助中華文化論壇的藝術家交流，發表的論述也選入研究要報。

我常年在世界各地開展佛法教育的工作，佛法最寶貴的利益就在於它為通過努力而克服困難、改變命運，進而獲得幸福快樂的人們提供了達到這一目的最完美的理論原則和實踐方法。特別是大乘佛法所倡導無私利他的崇高信念、堅韌不拔的精進精神、廣大無邊的慈悲願力和清淨圓滿的無上智慧，不僅是獲得世間安樂的根本保障，更是獲得出世間究竟圓滿快樂的唯一途徑。古人說：＂天行健，君子以自強不息；地勢坤，君子以厚德載物。＂

　　我希望這本書的讀者，特別是年輕的讀者，能夠從阿發所分享的個人奮鬥的心路歷程中得到啟發，在自己人生的旅途中樹立堅定的信心和遠大的志向，在逆境中不氣餒，敢於正向面對各種困境，以堅韌的決心和勇氣克服種種困難，通過持之以恒的努力，不斷提升自己的品德和智慧修養，實現道德和事業的豐收，實現人生的華麗蛻變和逆襲。更希望他們在這一過程中，能得到佛法智慧的加持，進而煥發出樂觀向上、積極進取的愛心和人生觀，為社會的和諧發展不斷注入正能量，引領著大眾一同走向幸福快樂的未來。我相信這也是家現寫這本書的初衷。

　　扎西德勒！

推薦序
勵志的人生 年輕人的榜樣

　　五、六年級的我們出生時台灣的 GDP 很低，算是貧窮的社會，經歷了五、六十年的發展，台灣已進入發達國家的行列，要跟兒孫說我們跟你一樣的孩提時候沒有點燈，沒有自來水，沒有電視，沒有網路，對七零後的年輕人來說那叫 " 古代 "。

　　現在的年輕人大都沒有吃過苦，好逸惡勞，甚至於抗壓力差，更甚者叫 " 啃老族 "，像家現這樣能白手起家、成就事業的年輕人實在值得喝采，更值得年輕人學習。

　　家現出生於一個破碎的家庭，沒有同年紀的同學一樣的物質與教育環境，但經過自己的努力，不但是一個成功的台商，同時也是海峽兩岸傑出的藝術家與策展人，我相信憑他的判斷力與創新能力，未來一定會有另一段事業高峰。

　　我這一代的人常憂心年輕人不能刻苦耐勞，沒有競爭力，年輕人以後會不會淪為外勞？但家現的這本書告訴我，台灣明天會更好，希望這本書能啟發年輕人積極向上。

張清芳
台灣永續關懷協會理事長

推薦序

臺灣師範大學師長同學力薦語錄（按姓氏筆畫順序）

胸懷千里 擘畫兩岸文化交流藍圖

林章湖 前台北藝大美術學院院長

國立臺灣師範大學教授

　　胸懷大志的家現兄，經常為了推動兩岸文化交流理想而擘畫藍圖，急公好義，出錢出力，始終秉持非營利的超然立場自我奉獻而深獲好評。

　　他富而好禮，熱心推動活動之餘，更潛心充實學術知識，進入臺灣師大 EMBA，並以優異成績畢業。更難得是雖逢疫情，他仍積極整理多年來有關交流策展與文創紀實以出版專書，無疑地結合了他實踐與理論的寶貴見地，足供兩岸各界文藝交流之參考借鏡，十分值得喝采。

戲劇般傳奇故事 啟發人生

董澤平 國立臺灣師範大學特聘教授

　　家現是一位渾身上下充滿鬥志和熱情的人，也是一位有著精采人生的創業家，他撰寫論文時非常認真投入，也帶動起同窗學長姐們的產學研究熱情。

　　欣聞他即將出版類自傳，希望大家都能從這本書中得到他戲劇般傳奇故事的人生啟發。

創業成功配方 不藏私的經驗分享

林志宏 達紡企業股份有限公司副總經理

第一次見到家現時，覺得這位同學很熱心、豪氣、不拘小節，也很願意幫助同學。在臺師大 GF- EMBA 和家現一起求學這段時間，由於彼此都有離鄉背井的工作歷練，因此很容易就熱絡、還記得他上課對我說的第一句話就是「我一定要準時畢業」，17 個月後，他的確做到了，我也看到了他對於自己的要求和執著。

家現從台商、兩岸文化交流、專業策展人，到現在的潮牌合夥人，在臺師大課堂上跟同學分享的概念和想法，他說到了，也做到了。

我們每個人都有自己的故事，我們也時常聽到或看到別人成功的故事。然而成功的過程絕對不是那麼順遂，也不會是那麼簡單，成功更需要配方。

這本書很有創意、也很有啟發性，你如果願意嘗試，願意改變，藉由了解別人的經歷，發想到執行的過程，每個人都可以找到自己的成功，實現自己的夢想、最重要的是有一位願意跟你分享成功配方的同學，朋友。

他時常說的一句話是「同學是一輩子的」。

對非遺文化保留盡力 懷抱初心

張寗 財團法人中歐創意文教基金會董事長

大家都看到你的精彩剪輯人生～卻不知剪輯下的辛酸甘苦！

家現同學是我一位無緣的 GF 同學，開學典禮後不服輸的我選擇另一個挑戰度較高的學校去學習（上海復旦管理學院）因此我們便擦身而過，但在那短短的開學典禮上，我印象深刻的。看到一個穿著紅蓁蓁的中式上衣，臉上充滿喜悅，手足舞蹈，大咧咧的個性，生怕大家不知道他是考中的學生，在那當下，一個掩藏不住興奮，內心卻有一點點小靦腆不像學生的錄取生，讓我留下極深刻的印象。！

雖然最後我沒有去唸 GF，但是卻與這位不像學生的學生結下不解之緣，與他格格不入的個性，卻是形成了我們日後相處模式的另一種特色，在幾番溝通，我才瞭解了，書讀不多的他，卻一直積極的想要努力的爭取更多的認可，從年少輕狂打工，到默默地從一個商人到慢慢的做許多不為人知的非文化遺產保留的工作，這是我一個從事藝術應用設計產業的人所望塵莫及的。

他的故事罄竹難書，但我看到的他的初心。凡事只要抱著一個初心，人一輩子只要做一件事，不管別人是否認可的，默默地去做，我相信上帝也會看到他的努力。家現同學做到！在他的身上，雖然沒有看到一步一腳印的學習過程，卻看到中國人的韌性，不管多艱苦的環境，只要我們都願意，我相信我們都有機會成為第二位張家現！

最後祝福這本工具書能夠帶給更多的年輕人一些啟示。

智慧與歷練淬鍊的精華 學習的標竿

許若薇 星之國際有限公司總經理

　　幾年前，我在自己人生與事業的規劃上，體認到必須提升拓寬自我的思維與視野，想要學習了解其他專業領域的時機，選擇了攻讀臺師大 GF-EMBA。而我也非常慶幸自己做了正確的選擇，與多位各行業菁英成為好友。擁有很多傳奇經歷，並持續創造出傑出成就的家現兄，就是我亦師亦友的學習標竿。

　　初識家現兄，這位充滿魅力與神祕感的同學好友，很能感受他真誠但是非常特殊的特質。因為他既是成功企業家，也是兩岸藝術策展人，擁有豐富的文化藝術涵養，而今還是樂於接受新事物，擁有冒險性格的潮流品牌創業家。他非常樂意分享很多自己的經驗，對於朋友事務，更不吝提出自己的建議和看法。我們討論事情與分析一些觀點時，經常是無保留的直球對決，十分過癮。很感謝家現兄擁有的氣魄與胸襟，以及對朋友的熱心與熱情。

　　非常榮幸搶先拜讀家現兄的新作品，這是他不怕犯錯，在堅毅努力後踏上自己的構築的夢想，並且持續地以正面積極的態度走著人生路的故事。本書同時也是一本精彩的勵志小說，有別於一般個人傳記或小說，更有創意的加入個人收藏的藝術畫作，以及青年藝術家的手繪水彩插圖，十分豐富精彩。是一個在逆風起飛的男子漢，講述了從年少懵懂，如何歷練出成熟並傑出成就，有觀點可反思，有詼諧的寓意，值得一看，真心推薦給每一位朋友。

精緻生動的插畫 絕佳的導讀創意

許永祥 瓷嬉工坊創意總監

記得與家現兄在臺師大共學時聽他說過一句話至今仍深印我心＂求人的生意不能做只有別人主動來找的生意才是生意＂這完整的體現家現兄的人生體驗及經營哲學，這也成為我在事業經營上的圭臬。

一本好的自傳除了作者感人的事蹟外，我認為能啟發人心並做為正向引導者的功能，更是值得推薦的好書，拜讀家現兄的著作猶如在看一部精彩且勵志的小說、尤其書中精緻生動的插畫更是絕佳的導讀創意、將其身為一位文化傳承者的貼心與細膩心思表露無遺，本書除了勵志更可將此書視為一本商業引導的教戰書籍尤其是對於往返兩岸經商者其內容的經驗分享更是兩岸經商最佳的導引，這是我 2021 年第一本誠心極力推薦值得閱讀收藏的好書。

2021/2/24 台北

兩岸交流實戰經驗 就業或創業最佳參考書

游景龍 小魚人文設計創意總監

印象最深刻的是家現兄在他碩士論文口試時說的一句話，當時口試委員問他為什麼所有的課都修，而且堅持每堂課都全數出席？

他說：我曾經是一個迌迌囝仔，有什麼資格選擇老師！選擇課程！學校當時在評選時給我機會讓我進入這個碩士班就讀，就是給了我最大的鼓勵！我必當全力以赴，也因此能夠在這最短的十四個月內完成這份論文研究！

這一席話深深烙印在我的心裡，是自信十足又帶著謙和態度的一段話，同時也鼓勵到在場的每一位同學與後進。

得知家現兄要把他精彩的人生故事集結成書，第一時間當然是搶先閱覽，整本書除了設計精美之外，內容果然精彩萬分，更期待這樣精彩的內容未來能夠有機會拍成電影或電視劇，讓這些寶貴經驗與人生態度，能夠影響更多人，幫助更多人，帶給更多人啟發。

書中見到家現兄在兩岸文化交流工作上的寶貴經驗與分享，相信也能夠給予有意向國際拓展工作的後進者，許多適切的參考、提醒與借鏡！相信這本書將會是您在就業或是創業路上，人生中最重要的一本參考書！

寶貴的人生經驗，毫不藏私的寶典

蔡建郎 博方文創行銷總監

　　我所認識的家現是一位熱心且義氣的同學，在臺師大 GF-EMBA 求學期間，從來不曾遲到早退，在課堂上也樂於分享知識經驗。在深入了解後發現，因從小家境環境不好，為幫家人減輕家計，必須提早出社會賺錢養家，讓他錯失讀書的機會，所以有機會再回校園，讓他格外珍惜。

　　這本書也是記錄他一生的奮鬥歷程，從基層的扳手工人，一路發展到成為兩岸的藝術專業策展人，並融合時尚文化藝術，成為潮牌合夥人，他將這寶貴的人生經驗，毫不藏私的集結成書，目的希望能傳承創業人，讓大家在成功的道路上少走冤枉路。這本書有非常豐富的內容，值得你細細品味。

不思議的人生激勵自己，正向力量

張齊方 正麒國際有限公司負責人

　　家現是我見過最熱心仗義的人了，是真的會兩肋插刀的那種；他重情，他常說：同學是一輩子的；他重義，同學有需要他就赴湯蹈火。

　　他嘔心瀝血的將他豐富的人生經歷寫成一本書，帶給更多人幫助，不管是誰，相信都可以從這傳奇之中激勵到自己，為自己人生帶來啟發。

勵志箴言 激勵與正面力量

趙菲菲 費納拉國際精品家飾品牌總監

孔子說，三人行必有我師；但誰是誰的老師呢？

老狐狸說：寧拜人為師，勿好為人師。

常有人感嘆，朋友何其多，「知心」沒幾人？

老狐狸說：朋友貼心就好，不必知心！

看到欲殺之而後快的對手時，該如何應付？

老狐狸說：當眾擁抱你的敵人。

有時我們必須看人臉色，仰人鼻息；

老狐狸說：在人屋簷下，一定要低頭。

　　以上這段話是家現哥 2018.11 月給我在社會上待人處世之道的提醒與勉勵，其中每一句話都富藏高深智慧。家現哥，總能夠洋洋灑灑念出成段警世文，出口成章之外，閩南語順口溜更是令人嘖嘖稱奇。在他身上有太多的故事，時下流行的頭銜斜槓，家現哥也沒落下，知名潮牌合夥人、文化藝術策展人，並且只用 14 個月的時間便提交論文通過口試，創下臺師大 GF-EMBA 最短時間取得碩士學位文憑的傳奇人物。相信他的大作，紀錄兩岸三地，從他兒時貧困的成長背景，白手起家，從高中中輟生搖身一變成為成功企業家，並在最短時間內取得國立台灣師範大學碩士學位，這些如同電影般的情節，卻是真實發生在家現哥精彩的人生，靠自己的努力闖出一片天，相信這本書可以帶給很多人激勵與正面力量。

打造新創業人生，海外發展的取經寶盒

戴爾芙 爾凱美甲學苑董事長

當初決定申請 EMBA，便是懷抱著一顆回歸校園、虛心求進的初心。在學習階段遇見的貴人之一就屬家現，作為同是白手起家到成為台商在海外奮鬥拼搏過的我，書中提及的心路歷程和大環境的瞬息萬變、拋諸呆板說教，透過圖文呈現、淺顯易懂，細品慢讀更是悟出無窮、深有共鳴。

如果你問我假使時光能倒流，還會去大陸發展嗎？我的答案依然是肯定的，但在當時的我，要是能夠有這樣一本經驗分享，以及像家現這樣致力於推廣兩岸貿易交流的範例先鋒，想必能少走很多彎路了！

這本書是一本適合給想要至海外發展卻迷惘不知如何著手的取經寶典；這本書是一本適合給計畫返台的台商做經驗指南針。

如果你想要打造新創業人生，此書值得你一讀！

作者序
從人生低谷看見機會 從文化時尚翻轉蛻變

很多人問我，寫這本書的目的是什麼？

二年前我到大學部去講課，原本題目是「企業社會責任實踐」，臨行前一日，我覺得這個講題對年輕人太遙遠了，都還沒出社會，所以改為即席演講「如何創造個人價值」，我和大三的同學講述，台北豬屠口有個叫張阿發的故事，國中拿著扁鑽的小太保，如何翻身成功脫貧；由於臨時改題目，也來不及做 PTT，只能用口述以及一些江湖語言，沒想到同學們反應熱烈，他們對那個年代 Disco 舞廳充滿好奇；對條通酒店少爺的轉變，也覺得不可思議；演講中也談到大陸的台商生活，30 年來兩岸的此起彼落，當然也融入許多我對文化產業的看法。

大時代環境在變，年輕人思想也在變，利用疫情期間，收集各方意見，整理塵封的資料，戮力完成這本書。希望本書出版能讓廣大華文社會的大眾閱讀交流，本書做了一項創新，內容結合年輕手繪家為本書畫了 38 張圖，未來將以手繪作品水彩展覽結合新書發表。

本書主要講述一個外省第三代隔代教養的小孩，白手起家西進大陸掌握機遇的故事。巨大的斜槓人生，從北京驚奇之旅開始，一個高中輟學生靠著懂得掌握關鍵資源，奮力進取；從起重機產業起家，見好就收，安身立命，適時轉換跑道；而後轉進藝文界，耀動時尚成為潮牌合夥人。故事最後，一場詭譎的設局疑雲，成為人生最大遺憾。雖然歷經多次人生低谷，所幸，從小在惡劣環境積累的草莽生命力與能量，總能在挫折中看見下一次的機會和曙光。古人云：「禍兮福之所倚，福兮禍之所伏」；幸福、災禍潛伏在其中，誰知道究竟會如何？一個懂得學習的人，不會滿足於身處的環境，面對瞬息萬變的世界，都會不停的尋找機會，在任何領域都能變得強大無比，不管在哪裡都能嶄露光芒。

感謝為本書撰寫推薦序的慧吉祥大活佛，依尊慧吉祥為國際嘎檔巴大導師，與慧吉祥結緣於共同策展台北嘎檔文化節，慧吉祥認為：佛教與中華書畫藝術連結融合，能夠傳播引人向善，建立相互尊重與平等互愛的社會風範，他期許本書能為社會的和諧發展不斷注入正能量，引領大眾一同走向幸福快樂的未來。

台灣永續關懷協會理事長張清芳，簡潔有力的推薦，希望本書勵志的人生能啟發年輕人積極向上；台北藝術大學美術學院前院長林章湖、臺灣師範大學特聘教授董澤平及同學爾芙、若薇、永祥、志宏、阿郎、菲菲、齊方、Enzo、Gino 等撰寫力薦語錄，由衷感動無以形容。近二十年的好友台灣師範大學名譽教授江明賢為本書書名題字，以及台灣美術界蘇憲法、林章湖、林昌德、李振明、黃進龍、莊連東、白適銘等教授具名強力推薦，更讓家現倍感榮耀。

最後，感謝故宮博物院前院長馮明珠為本書撰寫推薦序，馮院長是我最敬重的老師，對於中華文物有精湛的研究，文化底蘊深厚。還有謝謝劉勃舒院長、游本昌老師、許和捷教授、阿寶老師提供諸多寶貴意見。另外，謝謝 Eric 提供了 MF 最新的創作畫，作為本書一大亮點，也很感謝家人在我專注埋首於字裡行間期間，給予最大支持與空間，讓本書內容更臻完整，也衷心盼望本書的出版能給從小生活環境惡劣或誤入歧途，或有失志於一時的人，有一點借鏡與貢獻，本書撰寫雖經多次反覆推敲及增修，仍難免疏漏於萬一，不同的寫作觀點也請各界不吝指教，並衷心期盼讀者能從本書中獲益。

張家現
2021.4

目錄

PART 01　外省第三代豬屠口成長之路

堅定信念早日脫貧：「大山的小孩更想走出去」，在心底深處留根發芽。日治時代來台的外省人，生活清苦，阿發成長歲月裡鍛鍊出自我的忍耐力，在逆境中成長，潛在的意識裡醞釀著不可知的爆發力。

PART 02　單槍匹馬闖江湖 肉搏歷程

放手一搏永不放棄：「沒傘的孩子只能往前跑」，單槍匹馬就是為了要「脫貧」，除了賺錢，客戶的滿意就是最大的鼓勵及動力，創業之路除了勇氣，還要有前瞻的眼光，掌握關鍵資源，抓住機遇，講信用重承諾，勇於承擔挑戰自我。

目錄

PART 03　經濟浪潮下勇闖未來 台商異鄉人

轉型思考前提「持盈保泰」；大陸的經濟發展快速，是一種跳躍式的模式，加上政府支持產業的力道，有些台商太過安逸渾然未查覺這個動態，企業如果無法升級或者轉型，何不安然退場。

PART 04　翻轉時尚 科技台商耀動再起

一個扳手工輟學生創紀錄取得臺師大國際時尚碩士，非科班出身卻成為藝術策展人，阿發因為輟學更加努力，雙指導教授加上口試老師馮明珠院長的肯定，英雄不怕出身低，「人定勝天」，心中有夢必會達成。

Appendix 兩岸文化藝術策展精選案例

藝術策展有很高深的學問，國外專業策展人往往要懂美術史或具博物館學背景。阿發回到台灣從事兩岸文化交流，在大陸國家畫院劉勃舒院長的指導下成為獨立策展人，從事文化交流工作也結識不少美術界的前輩賢達。

Part 0

外省第三代豬屠口
成長之路

憶兒時
描寫重慶北路大龍峒豬屠口
早期景觀
蔡友
台灣藝術大學
書畫學系教授

堅定信念 早日脫貧

童年的成長環境往往會在心裡留下重要印記，張阿發寄養在阿嬤家的童年，生活在混雜的豬屠口、流氓國中；低層社會中吞聲忍氣；市場百態迎合笑臉，生存只圖溫飽。在這種環境下，阿發的童年積累了幼小心靈上的磨難，使得「大山的小孩更想走出去」，在心底深處留根發芽。日治時代來台的外省人，生活清苦，阿發成長歲月裡鍛鍊出自我的忍耐力，在逆境中成長，潛在的意識裡醞釀著不可知的爆發力。

年少時代，高中輟學進入了酒店工作，在紙醉金迷的環境中，當少爺看到了「權與利」的主宰，酒桌上的文化，利益的糾葛，人脈與背景，必須手段而去獲取。阿發沒有往下沉淪，反而從中獲得到：「商場上的應酬，面具戴上很容易，但卸下後，妝容不能走樣。」家，是最溫暖的港灣，母親送貨得來的酬報是一塊一塊錢的攢著，更加深心中的信念，只有學會與百種人交往應對，化成日後作事業的根基，改善家庭早日脫貧。

● 翻轉人生 ●

Chapter 01 外省第三代 夾縫裡的邊緣人

Chapter 02 青澀少年的狂浪 生猛環境下積累的能量

Chapter 03 放牛班渴望春天 - 國中 / 高中

Chapter 04 當兵的淬煉 成為真男人

外省第三代 夾縫裡的邊緣人

　　1949年隨國民黨撤離中國大陸到台灣的外省人大都生長在眷村，而
1971年生的外省人第三代張阿發卻生長在離台北大橋頭不遠的「豬屠口」，
60年代這裡是臺北地區大型豬畜屠宰場，大部分都是從雲林縣的東勢鄉、
台西鄉、四湖鄉等地北上討生活的外來人口。豬屠口因移民背景複雜，且移
民間常發生零星械鬥，賭場流竄，加上販毒時有所聞，外界習慣稱之為流氓
窟或毒窟。

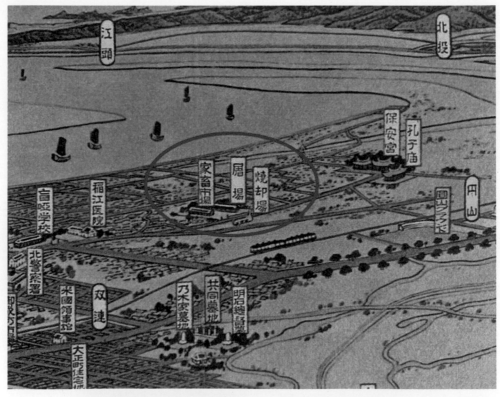

30年代臺北大龍峒屠宰場和家畜市場位置圖，1973年原屠宰場土地興建蘭州國宅，原家畜市
場後則興建為蘭州市場與大同區行政中心。
圖片來源：文化部國家文化資料庫台北市大觀鳥瞰圖

豬屠口的外省人

在豬屠口環境下成長的張阿發，屬於隔代教養典型外省第三代邊緣人。

阿發的阿公是大陸江西省農村人，於 1928 年日治時期來台灣，阿嬤是基隆九份人，二人不識字生了五子二女，阿發國民身分證上祖籍欄寫的是江西省雩都縣，1987 年時任中華民國總統蔣經國開放兩岸探親，那時阿發的阿公曾帶阿嬤回大陸，拍回來的照片是黃黃的山坡，舊舊的平房，這是阿發對大陸家鄉的唯一印象。

阿發的阿嬤沒受過教育，不識字；燙著一頭膨膨的捲髮，與日本動畫《我們這一家》中的主角花媽相似，和台灣花媽陳菊有點像，胖胖的，不高，經常穿著七分寬褲，做生意時腰間繫著有四個口袋的圍裙。

寄養在阿嬤家的日子

阿發是長孫，為了能就讀台北的小學，從小就寄養在阿嬤家，一家 5 口擠在豬屠口蘭州國宅不到 10 坪的小屋中，屋中唯一的房間，用木板隔成上下兩層，旁邊架著木製的活動樓梯爬到上層，阿公睡外面阿發睡裡面，下層睡著阿嬤及兩個姑姑。

蘭州國宅
是全台北市最早興建國宅之一，歷史超過50年，狹小的空間，雜亂無章的鐵窗，堆放著傢俱和雜物。

　　客廳堆滿了雜物，小桌子上放著一台黑白電視，牆上有一個小神桌，供奉著五穀仙帝及祖先牌位，五穀仙帝就是神農大帝，主管糧食豐收，阿嬤每天上香，初一、十五逢年過節會準備牲禮拜拜，祈求麵攤生意好。

　　客廳與房間中有一通道，通道上一個廚房大約一公尺平方，放一個洗手台加上一個瓦斯爐，只容一個人的工作空間，廁所也是一公尺平方，一個馬桶，一個水龍頭，用來洗澡洗衣服，要洗澡之前，先去廚房用鐵鍋燒水，再端來廁所，倒在腳桶，腳桶就是鐵製扁平的大鍋盆，洗澡時只能蹲著用肥皂洗身，再用漱口杯勺淋身體洗淨。

　　因生活壓力大，阿嬤脾氣不好很兇悍，成天嘮叨，叔叔們都很少回來，阿公較沉默很少講話，阿發常因犯錯動輒被打罵，屢次想掙脫逃回媽媽的懷抱，但迫於現實阿發只能寄養在阿嬤家，放學後還要去阿嬤的麵攤幫忙洗碗。

阿嬤的麵攤

　　阿嬤在雙連市場擺麵攤做生意，除了賣「大腸煎」也賣炸豆腐、陽春麵、豬血湯以及一些大腸、生腸、豬肺等小菜。「大腸煎」的製作過程非常繁瑣，阿嬤總是坐在房間外的門檻使勁的灌著，一大鐵盆的糯米灌成大小不一約 30 多條，一條大概 30 公分左右；阿公則準備食材，切蒜苗、蒜頭調製成特製的佐醬，切韭菜、酸菜加配豬血湯；而阿發就負責洗大腸，大腸得先用筷子頂住一頭往外翻，然後把排洩物清理乾淨，用鹽反覆翻洗，豬糞便的氣味難聞到令人快要窒息。

　　除了擺麵攤外，阿嬤逢年過節還會賣應景食物，端午節就會包肉粽、粳粽(鹼粽)、粿粽，過年時就做年糕到市場販賣。阿嬤製作粿粽先把糯米放在碾米機器碾米，流出的米漿用布袋裝著，然後用扁擔壓在長板凳上，一直到沒有水份溢出後，再攪拌均勻加入配料，包入粽葉蒸熟，非常費勁。

　　阿嬤的麵攤是手推的車子，上面有一個炸油鍋及一個湯水鍋，炸鍋是用來炸大腸煎，而另一鍋則是用來煮麵，車子邊上一個長條折板是用來給客人坐在攤前吃用的；車子屋頂則是帆布鋪蓋，瓦斯筒就綁掛在車邊上，出發時再掛上 6、7 張椅子及活動的折疊桌，才算全部整備完成。

麵攤洗碗童
阿嬤的麵攤在雙連市場文昌帝君廟前，阿發放學就來幫忙洗碗。

　　假日早上約莫 10 點，阿發就和阿嬤推著攤車由蘭州國宅出發，一路推到雙連民生西路的傳統菜市場，那時候台北的鐵路尚未地下化，市場邊就是沿著鐵路，來往的火車呼呼而過，這一段因為有文昌帝君廟，所以人潮聚集成為市集；攤車就定位後，卸下桌椅，而在鐵路旁的攤位上，阿嬤在那裡的攤商寄放了許多椅子，阿發得鑽進去拿，市場的老鼠又大又多，活繃亂跳，死老鼠的氣味更是噁心至極，除了身體腐爛，還有蒼蠅蟲子，拿椅子時除憋氣外還得閉著眼睛！

　　一切就定位後，阿嬤開始切菜煮麵，阿發就收拾客人用過的碗筷，蹲在路邊用兩桶水清洗，從中午賣到傍晚，直到人潮較少時，阿嬤便命令收一收，將攤車繼續推往寧夏市場旁邊上的空地，在那裡重新架設起來，一直賣到差不多晚上 9 點時收攤回家；有時候碰到廟會作醮有野台歌仔戲的地方，

也會推到那裡擺攤，流動攤販靠天吃飯，阿嬤的心情隨著生意好壞上下起伏，遇到下雨天沒生意就得整車又推回來，阿發忐忑不安也學會看臉色，阿嬤若是嘴角往下，阿發就乖乖站好不敢回嘴；阿嬤若是笑逐顏開，收攤後，會順道帶阿發去吃碗米苔目剉冰，看著剉刀從大冰塊上剉出一片片的碎冰加上糖水，阿發好不高興；每周四傍晚，總有賣麵包的箱型車會開到蘭州國宅附近，車上剛出爐的麵包有十種口味左右，遇到阿嬤心情好時，也會叫阿發買個菠蘿麵包來吃，然後用半責備的口吻告訴阿發「洗碗要快一點，洗乾淨一點，哉某？」那個年代的大人都以「打是親罵是愛」來教育小孩，殊不知打和罵傳遞的都是憎惡，並不是愛。

打罵的童年 心靈的傷口

　　那是個老師打學生，家長打小孩不會被告的年代，記憶裡阿發因犯錯挨打的次數不計其數。

　　小時候，阿發有幾次尿床，原因是夜晚起床要跨過阿公，實在不方便，而且廁所在走廊，憋久了不知不覺尿液滴到下層，當然免不了一陣毒打還要罰跪。阿發的功課並不好，作業常常沒有寫，但因為就讀大同國小的學生，也都是來自普通家庭，老師也不嚴厲，也沒有所謂的課後輔導，放學走路直接到麵攤洗碗，每天收攤回家已經 10 點多，收拾洗澡睡覺，隔天上課。

　　阿發的童年印象中沒有穿過新衣服，沒有糖果沒有玩具，沒有同學玩伴也沒玩的時間，看到好吃的東西忍不住想買的慾望，但就是沒有零用錢。豬屠口的廟宇很多，附近有一個廟堂，供奉五路神明，神桌前有個透明壓克力的油香錢箱子，讓信眾可以捐錢，阿發見喜，就用一個長筷子黏著口香糖去偷夾錢，但太難了，也被廟方知道，那次阿發被修理得很慘。阿發有次偷了阿嬤的錢，雖只有幾十元，但還是被抓到，打的半死，還有一次將麵攤客人付的錢偷藏起來，還是被阿嬤發現，這次更慘，當晚不只跪洗衣板，手還被用筷子夾到烏青，越哭越打，越打越重，經過那次阿發已經不再流淚。

　　在阿發的心裡充滿仇恨，思念母親怨恨父親，為什麼把他放在這邊，常常不自主地掉下淚來，阿發渴望一個溫暖的家，那時總感覺自己就像一捏就會粉碎的泥娃娃。

　　阿發在麵攤洗碗的日子一天天的過，只想趕快長大脫離這裡，到後來漸漸變得不大講話，也變得怨天尤人憤世嫉俗，非常厭世，一直到了上國中，才開始有了轉變。

養樂多媽媽 渴望的母愛 奮鬥的動力

　　「養樂多媽媽」騎著腳踏車，把手兩邊掛著中型的白色皮質紅白綠標章袋子，後座還載了一口大袋子，挨家挨戶配送養樂多的景象是台灣跨時代的記憶，阿發的媽媽就是養樂多配送員，為了養家，每天一大清早就得出門配送，直到晚上才回家。

　　阿嬤與阿發的媽媽感情不好，阿嬤很兇，不准媽媽來看阿發，在小學的六年當中，見到媽媽的次數寥寥可數，有幾次媽媽到學校來看阿發，總是在教室外探頭，阿發的老師王萍萍發現了，就會讓阿發出去教室外和媽媽短暫相會，媽媽蹲著和阿發說「你有乖嗎，要多聽話，不要頂嘴」，阿發對媽媽說「有啦，媽，可不可跟妳回家，我每天都很想妳」，媽媽摸摸阿發的頭說「我要送貨賺錢，你乖啦…」。每到家長會，總是沒有家人來，被同學笑稱沒有爸媽的小孩，常常被霸凌，下課回家不敢講也無處可訴。

阿發的媽媽是養樂多的送貨員除了送養樂多，夏天送冰品、布丁、冬瓜茶、果汁、牛奶等飲品；冬天加送花生糖、麻糬、塑膠袋、免洗餐具等用品。

　　沒有一位母親不想把孩子帶在自己的身邊，迫於現實的無奈，爲了賺錢，只好把阿發寄養在阿嬤家。有一回媽媽看到阿發腳烏青，問說「怎麼回事，疼不疼，怎麼沒有擦藥！」，阿發不敢說是被阿嬤修理的，只是輕輕的告訴媽媽說，推麵攤仔不小心撞到的，媽媽用手揉揉阿發的腿，流著淚，喃喃自語，很自責，阿發反而安慰媽媽說「以後我會小心」。

　　媽媽來看阿發總帶點餅乾糖果，在小小的心靈上，渴望的母愛就這麼一丁點，也就足夠了。

母子短暫相會
媽媽到學校看阿發，就在教室外蹲著和阿發說話

　　升上國一，阿發就大膽的向阿嬤提出要求：「我要回去找我媽…」，他們也攔不住了！阿發的媽媽原本租房子在中和南勢角，後來大阿姨將蘆洲的16坪小房子賣給媽媽，房屋老舊是四層樓的公寓。阿發回到媽媽身邊，每天從蘆洲通勤到台北讀書，放學後在家做家庭代工，雖然辛苦但有母親的溫暖特別珍惜，阿發有兩個妹妹一個弟弟，大妹小阿發一歲，時常吵架，小妹小四歲功課較好，弟弟比阿發小11歲平時托給樓上的阿婆帶，一家六口人在這個小屋子生活著。

　　從蘆洲坐公車到學校大約需要一個小時，媽媽每天會給阿發十塊錢當車錢，國一下學期的時候，阿發有一回坐錯車，在車上迷迷糊糊睡著了，從台北橋要坐回蘆洲，等阿發睜開眼時已經不知是什麼地方，當時的阿發慌張害怕，旁邊坐著一位略胖的大姐姐，「弟弟，你怎麼了！」，阿發說「這是哪裡，蘆洲嗎？」，姐姐說「你坐錯車了，這裡是迴龍，你要趕緊下車，搭紅線公車回蘆洲。」，那時根本不知迴龍是那裡，後來才知道是快靠近桃園的一個地方，她看著阿發一臉茫然無助，問「怎麼了？」，阿發哽咽的說「我沒有錢，媽媽給我的車錢已經用掉了，我不知道怎麼辦！」，那位大姐姐拿出了十塊錢借阿發搭車回家。

　　十塊錢雖少在當時卻很重要，他讓阿發能找到回家的路，也讓阿發第一次感受到人性的溫暖，這位大姐姐是阿發生命中第一個貴人，永遠記得她的恩情。

　　媽媽送貨總是到晚上七八點鐘才回來，有一回，媽媽送完貨回來得早，就帶著阿發和二個妹妹要到西門町去玩，大家興奮得不得了。那時候西門町的前面就是中華商場，50-70年代，當時鐵路還未地下化，從台北車站的北門，中華路一段延伸過來，有忠孝仁愛信義和平共有八棟，當時西門町及中華商場領導全台灣的流行，買黑膠唱片、定做喇叭褲，買鞋、買制服、南北小吃、備辦結婚禮品，都得來這裡走一趟。而且中華商場的人行步道天橋可以穿越鐵道直達西門町商圈。

中華商場
是50年到70年代的台北地標，不僅是許多老台北人的共同回憶，
更是令人難忘的文化地景

　　一家人坐上公車，一路從蘆洲經過忠孝橋、台北車站，看到了中華商
場，公車停靠在愛棟下車，天色已黑，肚子餓得咕咕叫，媽媽說「先帶你們
吃飯去」，走上了二樓，點了一些麵與小菜，一頓溫飽後，媽媽去結帳，卻
被200多元的帳單嚇到，「蛤，沒幾樣菜，怎麼這麼貴…」，阿發與二個妹
妹頓時心情沈重了下來，阿發對說媽媽說「媽，我們回蘆洲吧，已經吃飽
了，不用再去西門町了，算有來過啦…」，一家人下樓，在原地等公車坐回
家，在公車上，阿發一路紅著眼睛，默默的在心裡起誓「等我長大，一定要
賺很多錢，不要讓人瞧不起，媽，我一定會給妳最好的生活，我要帶妳去五
星級飯店吃飯，我要開大賓士帶妳去旅遊…」。~對未來遠大夢想的種子深
深地埋在阿發的心底。

工廠打工 差點失去右手指

母親是阿發奮鬥的驅動力，他迫不及待的想要賺錢，幫忙改善家計，蘆洲鄉以湧蓮寺為中心，方圓四公里內沒有商場，外圍工業區有許多小型加工廠和成衣工廠。這些工廠大都缺工，但大部分的工作要求需年滿十八歲，那個年代不用證照，有些工作也沒有勞保，阿發只能找「工讀生亦可」這類的工廠。

阿發寒暑假會找蘆洲的小工廠打工，家裡附近有一家做螺絲的小工廠，螺絲的原材料是一根細的鐵條，先經過裁切機成一段段，然後經過衝壓成雛型，最後攻牙加工包裝成一包包成品，製作過程中難免有許多的瑕疵品得挑出，在製造過程中得不斷添加機油，全靠人工看機台。工廠的環境極悶熱，地板也是被黑機油弄得黑滑滑的，這類工廠很多，很缺工，由於製程簡單阿發很容易上手，主要工作在撿那些不良的瑕疵品，所以雙手常被刺得很多傷口，又黑又髒名符其實的「黑手」，台灣稱做「黑手」就是從事這類的工作人員。

阿發除了寒暑假到螺絲工廠上班，平常上學放假日，也會到家裡附近塑膠成型的小工廠去當作業員，塑膠工廠裡面擺設許多成型機，老闆將塑膠原料粒倒進機台經由高溫製成半成品，半成品裝在四方型的籃子裡，用人工一個一個拿到成型機台衝壓，機械的速度非常快，有一回，阿發工作時打瞌睡，在拿機台模具上的成品時來不及將手抽出來，被機台碾碎了右手食指，頓時手掌失去知覺，送到醫院及時救回，經過大半年才慢慢恢復功能，從此阿發對衝壓機、剪裁機有一股恐懼。

▊ 處世座右銘

凡事對自己負責，

逆境中激發潛能，

低谷中看見機會，

沒傘的孩子只能往前跑

CHAPTER 02

青澀少年的狂浪 生猛
環境下積累的能量

80 年代的台灣仍在戒嚴時期，社會風氣仍是封閉的，如阿發隔代教養的小孩，面臨從小遭欺凌的命運，也是無可厚非。

當時的環境像阿發這樣底層的人成長在豬屠口和艋舺一帶；而大稻埕和台北城內則是富商巨賈、政商官場菁英活躍的區域。

豬屠口與台北城 兩個世界

迴異於豬屠口龍蛇混雜為生活打拼北漂的外地人；過了台北大橋頭，就是富庶的大稻埕，富商巨賈、燈紅酒綠；台北車站過去就是台灣政經發展樞紐與精英匯聚的台北城，而中華商場之後就是最繁榮的西門町；西門町過去則是艋舺暗夜黑街的底層人生。

巨賈名流 地方仕紳酒家文化

延平北路鄰近迪化街布料、中藥批發地也是台灣最富有的發源地之一，70 年代是台灣酒家文化鼎盛時期，當時酒家的一級戰區多集中於延平北路二段或民生西路處，艋舺到延平北路沿線大約有 15 家以上酒家。不僅達官貴人、政商名流會至酒家交際應酬，源源不絕的日本觀光客也是主要客層。「那卡西」現場演唱及伴奏、美女助興，便成為炒熱飲酒氛圍的重要推手。

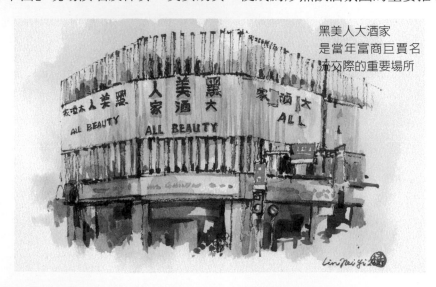

黑美人大酒家是當年富商巨賈名流交際的重要場所

台北城 政經中樞 精英匯聚

當時的台北車站前站是繁華的「台北城」，即現今忠孝東路、中山南路、愛國西路及中華路四條交叉線的範圍，火車站前面乃公家機關，行政院、監察院、立法院、警政署，再過去有總統府、法院都集中在這區域，以及台大醫院、金融機構、建中、北一女，可以說全台灣的精英都匯聚於此。

條通 台北不夜城

從台北車站往中山北路這一段，日治時期主要是日本官員居住的住宅區，「條通」在日語為「巷子」，條通區從一至九條加上中條，十個巷弄圍成的街廓，有數十間日式酒店，日式酒吧、日式餐廳與各種酒場，當時專做日本人生意；大多數的條通店一直保持著酒場文化，迎合日本客人喜好的居酒屋、料理店、賓館、服飾店，隨著台灣經濟起飛，有些店也逐漸變成了台式酒店。

條通街區
巷弄裡有各式日式小吃店、酒吧，延續至今的異國情調，
最具有日本夜生活的樣貌街區

台北最繁榮 西門町

　　過了火車站穿越北門，沿著中華路，八座三層樓建築緊鄰的中華商場以忠孝仁愛信義和平一列排開，是火車駛進台北城時重要的地標，中華商場的後頭就是西門町，這年代的西門町，青少年大都圍繞在萬年大樓、獅子林百貨、溫蒂漢堡這一帶，這有的各式各樣的流行服飾，大都是舶來品店；溜冰場、撞球間在萬年大樓上，舞廳、三溫暖、卡拉 OK、牛肉場則集中在獅子林；溫蒂漢堡鄰近巷弄有許多唱片行，整個區域除衣飾店，還有 U2、瘋馬 MTV，大廳選片，小房間裡成為小情侶約會看小電影。

　　著名的木船西餐廳是校園民歌手駐唱的地方，許多歌星的搖籃，還有「謝謝」魷魚焿、冰店一條街，七十年代聚集了 37 家電影院；還有最夯「手搭肩」溜冰接龍，招式不少，男生都是靠著這招把妹，當時是台北最繁榮的區城。可以說在這西門町什麼玩的都有，夜晚通宵燈紅酒綠。

溜冰接龍
50、60年代西門町最夯的男女手搭肩扶腰串起溜冰接龍，是五、六年級生的青春回憶

底層人生 艋舺的暗夜黑街

西門町過去就是艋舺，因「艋舺」電影而紅的老萬華，艋舺在 1980 年代幫派林立，最知名的當屬信仰中心龍山寺、清水巖祖師廟，以及剝皮寮老街、華西街夜市、寶斗里紅燈戶、煙花巷。這裡是北部最早的紅燈區，很多不幸的少女被賣來這裡做雛妓，艋舺的華西街夜市最大特色就是以驅毒壯陽為號召的蛇膽、鱉魚，吃蛇肉喝蛇酒。

艋舺文化很特別，有香火鼎盛的龍山寺、有夜市、有娼寮、有阿公店，老百姓的心聲，在這個佚名的歌曲中，充足表露無遺「兩腳開開，來到龍山寺，手拿香，香有三支，拜託神明來保庇，娶到水某攔嘆大錢；別人的太太，水阿又攔嬌，阮的太太醜阿又攔瑤，厝邊頭尾來幹譙，娶甲這乃要呼小」。

台北城外的艋舺及豬屠口，住著的就像阿發一樣這些邊緣人！

艋舺華西街
因「艋舺」電影走紅的老萬華，當年住著和豬屠口一樣的底層人生

NOTE

▌處世座右銘

英雄不怕出身低，

人定勝天

命運可以改變

心中有夢必會達成

CHAPTER 03
放牛班渴望春天－
國中/高中

面對校園惡霸光靠示弱求饒是解決不了問題的，他黑你要比他更狠，你不狠一點，眼前就會吃大虧，阿發在霸凌下殺出自己的生存之道。

霸凌下 殺出自己的生存之道

大同國小畢業的小學生大都就讀大龍峒的蘭州國中，70 年代是台北出名的流氓太保學校，大龍峒是台北市最老的社區聚落之一，學生家長大都是來台北討生活的外地人，殺豬業以及菸、賭、毒的聚集地，其中八成的學生來自低收入、單親、失親、隔代教養家庭，雙重弱勢或清寒家庭。

那是個能力分班的年代，阿發國中三年都被分配在放牛班。剛上國一就遇到四個惡霸勒索，那一天，阿發在廁所打掃時，別班來了四個人，堵住阿發，問「身上有沒有錢？」，阿發一看其中有一位個頭不高，黑瘦，好像是豬屠口角頭老大的小孩，一時間很驚慌，害怕的說「我沒有錢」，他們又說「沒錢，明天我們再來找你，準備五百元，知道嗎」，手頂著阿發的腦門講。第二天，果真又來了，把阿發拖到廁所裏，問錢帶來了沒有，阿發低著頭「拜託，我真的沒錢」，看來你是皮在癢，四個人把阿發一陣猛打帶踢，阿發抱著頭，苦苦求饒，他們臨走時放話說，明天我們再來。

阿發被打得遍體鱗傷，除了身體的痛，更擔心的是隔天要如何死裡逃生？回到家後媽媽問起怎麼回事，阿發不敢吐實，只說和同學玩，不小心弄傷了。

隔日一早在打掃廁所時，阿發眼見馬桶旁垃圾桶邊上一把帶有血跡的扁鑽，立即撿起洗淨後插在褲襠裡，準備如果那些人再來，就用這刀跟他們拼了。約莫到了下午，這群混混果真又出現，同樣的把阿發拖進廁所，凶狠的問「錢呢？」，阿發說真的沒有錢，正當他們要出手的時候，阿發抽出扁鑽，大聲罵著「幹 XXXX 掰，來啊」，這些人也叫囂著，「來呀，阿不就刺過來」，阿發猛然在大腿上劃上一刀，然後準備往前去，「幹，乎恁細」，話還沒講完，四個人就跑了，從此再也不敢來找。面對校園惡霸光靠

示弱求饒是解決不了問題的，他黑你要比他更狠，你不狠一點，眼前就會吃大虧，阿發在霸凌下殺出自己的生存之道。

校園霸凌
在學校廁所內遇到成群結派霸凌，阿發手持扁鑽奮力反擊

上了國二，阿發原本就不喜歡學習，平時在家做代工，上課心不在焉常打瞌睡，考試成績沒有一科及格，品性還好，不大與同學互動，放牛班的壞孩子很多，校園裡經常有打架鬥毆，成群結派，蘭州國中位於大龍峒，有不少角頭，角頭就是地方幫派，源自於廟口，在廟會慶典中有舞龍舞獅、跳八家將的幫眾，對於不喜歡讀書的孩子就容易被吸收成幫派一員，國中生血氣方剛，看到這些角頭老大好不威風，跟著老大有吃有喝，又可作威作福像極武林中的大俠；在這種環境下，阿發也開始不學好，拿著扁鑽與人比劃，扁鑽是一種尾端有環的錐狀刀器，具有殺傷力，用來作為鬥毆的武器或傷人的兇器，而且體積小容易攜帶，那時阿發每天上學帶著防身，如與人對幹時可派上用場，幸好沒出過大事。

國二的阿發，有時逛逛松江路陸橋下的光華商場，這大都是二坪的舊書店，裡面賣小說、漫畫、錄音帶、海報、寫真集等。對於喜歡的偶像中森明菜、日本少年隊的海報，阿發買來張貼在房間花玻璃上，追逐流行。

國中生情竇初開，少男情懷總是詩，開始喜歡打扮，標新立異，阿發也不例外，為了能吸引異性的眼光，只有在衣服上做變化。短袖上衣袖子捲起露出上臂的肌肉，短褲緊繃到貼著大腿，這樣才「趴哩」（趴哩即是日文「パリ」），就是穿著很時髦有型，書包要背得長長的，裡面卻沒有課本放了幾本漫畫，然後要叼根菸，才有江湖味道，才能釣到「七仔」，七仔是本省人對女朋友的稱呼，外省人則叫「馬子」，而蘭州國中地處角頭區域，有許多國術館，本省人居多，多是講台語。

三更燈火五更雞 擬定策略全力以赴

上了國三，馬上有升學壓力，那個年代只有九年義務教育，擠破頭的北區公立高中聯考令人印象深刻，每個學子男生的第一志願是公立建國中學，女生是北一女中，考上了直攻大學，還有「高職」三年制的職業學校，畢業後有一技之長可以就業，台北市公立高職有七家，另外還有「五專」五年制專科學校，五專除台北工專、台北商專外大都是私立的，學費很貴。曾經對學習挫折的阿發開始著急了，怎麼辦？不能再混了，至少得考上高職吧，如能上五專那是最好，畢業後出社會工資比較高，為了拚未來、拚尊嚴感、拚存在感，阿發在國三的一年裡，拼了命將三年的書本一次次的複習，睡眠極少，為的就是考上好學校，目標公立的，學費較低不增加家裡的負擔。

求學階段實現自我價值
在九年國教下，阿發受盡霸凌轉而自我武裝，逞強鬥狠，心中堅守「你要看得起我」的信念，在國三得到了唯一一張獎狀「榮譽卡」，心念改變，產生了自我「價值感」，努力讀書，考上了公立高職-木柵高工。

　　「三更燈火五更雞，正是男兒讀書時；黑髮不知勤學早，白首方悔讀書遲。」唐代顏真卿的《勸學》，阿發利用半夜起來複習三年的課程，半夜一則涼快，二來安靜注意力較能集中，由於小學沒讀好，國中前二年更是放蕩，根本沒有基礎，就只能急就章，平時不燒香急來抱佛腳，能記多少算多少。到了七月聯考的日子，阿發選擇報考高職及五專，無論如何一定得進去就讀，職校出來有一技之長，將來工作好找。

　　為了達成升學目標，阿發做了自我分析：要考五科國文、社會、自然、數學及英文，總分是 700 分，如果最低全錄取是 400 分，那就是每科要及格。這對阿發而言當然不大可能，英文及數學從小到大從來沒有及格過，英文連英標都不懂，常常是個位數的分數，所以經過重點整理下，聯考是統計總分，即使英文鴨蛋，其他科補回來就行，五科裡首先放棄英文，接著朝每科 70 分邁進，數學拿下 50 分沒有問題，擺在最後再來複習演算。擬訂好攻讀策略，阿發到台北車站前，重慶南路書局一條街上，找到幾本考前衝刺歷年命題的參考書，原來聯考都是用 2B 鉛筆作答，這讓阿發更有信心了，只要會猜題，對於不確定的答案就用去除法，阿發決定著重在文科那三本，加起來有 350 分再加數學 50 分，就十拿九穩了。

　　收到准考證之後，按照上面的號碼找到考場，准考證是一張普通的白紙打印上去，上面貼有照片以及姓名住址家裡的電話，報到的時候會在上面蓋

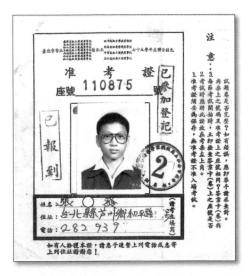

章，還記得炎炎夏日的高職聯考，場外面總是有許多家長來陪考，大部分是媽媽陪考，這些媽媽們拿扇子搧風擦汗遞茶水，看到這種情形阿發好生羨慕，不過自己出生困苦的家庭也不敢奢求太多，完成兩天的考試後就等待著放榜。

高職聯考准考證(1986年)
准考證是一張普通的白紙打印上去，上面貼有照片以及姓名住址家裡的電話，報到的時候會在上面蓋章。

　　非常幸運的阿發的分數剛好在錄取邊緣，雖然可錄取私立五專學校，但因為學費要一萬多元，家裡環境不允許，因此放棄，改選公立高職，台北市公立高職從大安高工到木柵高工等共有七所，阿發很幸運的吊車尾上了木柵高工。能順利考上木柵高工，不是阿發突然開竅會唸書，而是讀書要用對方法，考試碰運氣，為了達成目標奮發上進外，也要善用策略，不要好高騖遠，若把目標訂太高，反而達不到，先求有再求好。

年少輕狂　人不瘋狂枉少年

　　木柵高工位於台北市文山區的最邊邊，緊鄰著台北縣（今新北市）的深坑鄉，進去是石碇鄉通到底就是往北基隆的方向，與阿發居住的蘆州距離很遠，上學得先搭公車到台北車站換乘校車，一趟通勤的時間至少九十分鐘，如沒趕上校車，還得換二班公車，阿發常因趕不上校車而遲到，到校時受罰，也成了標記人物。

　　剛上高一，阿發還挺認真學習，與同學相處也融洽，成績普通，除英文外，勉強及格，職業學校的課程著重在實務教學，從鑄造，製作模具，到學會各種工具機的操作，加上不少專業的理論課，電子學、機械原理等等，讀職校不只要背熟常識，體力也要好才能有好的成績，才能分到想學的科班；木柵高工與其他高職不一樣，一年級不分科班，每種工業的基礎技能都要學，在期末是按成績及興趣再分配，二年級阿發分到電工機械科。

　　高中的課業非常繁重，升上高二，阿發因基礎不紮實，對課業逐漸感到力不從心，越讀越沒興趣，加上高一就時常遲到，換公車時結交了不少校外朋友，結識不少在深坑一帶的角頭兄弟，放學後經常逗留在附近飲料店抽煙喝酒打屁，漸漸的荒廢學業。

　　阿發開始許多叛逆行為，成群結黨帶頭作亂，不僅挑戰當時的髮禁、舞禁，未滿十八歲就騎摩托車上學，不只違反校規教官會抓，還無照駕駛常常騎車被警察追著跑，幹壞事終有一失，有次三貼就被教官攔下，寫了好大一篇悔過書才能繼續就讀。

　　年少不識愁滋味，那時的摩托車有分手排自排二種，手排檔機車爲跨越式的，最炫的就是追風及王牌，就是周潤發主演的「又見阿郎」那一種賽車型，另一種就是偉士牌演變過來的，名流及小綿羊較受歡迎，手加油門不用打檔踩離合器，比較便宜也比較好騎，阿發騎的就是這一型，雖然體積小，但可以飆速一百多，從蘆洲騎來學校，可節省不少時間爲藉口，阿發媽媽才同意買，有了車後變本加厲，經常翹課，常與那些校外朋友，相約到西門町鬼混。

　　阿發能言善道，朋友不少，西門町龍蛇雜處，幫派甚多，電玩間、溜冰場、撞球間、舞廳都是阿發走混的地方，控八褲穿著，檳榔嚼著，煙叼著，日子過得好開心，但就是身上沒銀兩，玩樂不起來，就開始想辦法能一邊讀書一邊賺錢貼補家用，又可同時釣「七仔」的方法。

輕狂少年
穿著喇叭褲，騎著時下流行的摩托車成群呼嘯，人不瘋狂枉少年時光

辦舞會賣舞票 被勒令退學

　　1980 年，台灣還在戒嚴時期，實施髮禁舞禁的年代，學生禁止開舞會，警察隨時可臨檢。那時台北的 **Disco** 舞廳是新興的行業，主要是以學生為營業對象，舞廳的老闆會將假日的時段對外發包，承包舞廳的業者則找機會網羅各校愛玩的學生來做下線組頭。

　　阿發高一時曾在台大公館站轉車，認識了一位大哥哥名叫林時宇，他就是舞廳聯合承包者之一，他把 Disco 舞廳包下來後分發給幾個高校，用舞票抵用卷吸引同學前來跳舞，舞票上面印有地點及場地、優惠價，組頭會在舞票上面蓋上標記，記號就是組別代碼，依場子不同訂定一張票可抵用 50 元或 70 元，等到舞會結束後再進行拆賬。

左上：百老匯舞廳抵用券
左下：Disco舞廳的舞票抵用卷
　　　（日期1987.9.6）
下　：舞廳承包經理林時宇

　　阿發剛開始接觸時，並不知道如何啟動，林時宇告訴阿發，你在各年級找幾位比較活躍的同學和你一起承做，平常可以來舞廳找他，由他來介紹幾個年輕的辣妹作為幫手，然後訓練自己在舞池中央跳個團體「排舞」，接著把找好的各年級的同學，安排一場舞廳聚會，開個小組作戰會議，只要經過一兩次就能駕輕就熟。

　　阿發辦舞會賣舞票，越辦越順手，各大場子無不熟絡，號召力也越來越強，也學會了組織戰，有錢大家賺，阿發當大組頭分幾個小組，票開出來大家一起分，所以木柵高工從一年級生到三年級生都有阿發的組織，而阿發辦的一定有不少美女，學生總會來個數百人，這也就是吸引人的套路。木柵高工的同學，來自四面八方，一半以上的學生是愛玩的，而且木柵高工男同學居多，對於異性只能在校外找，阿發看準了青少年對於異性的幻想，加上組織能力，很快的就建立了銷售網，口耳相傳，跳場舞即可運動又可交友，拓展視野，這些高中生自然而然的，每到假日必往舞廳跑。

　　木柵高工的教官以及老師們，過了大半年已經知道這件事，全校竟然有 800 多人參加舞會，便開始清查這些躁動的學生，並且收集資訊，告知家長，在假日時佈局眼線，因爲有些學生非常膽小，把事情的緣由給供了出來，校方認爲此風不可長，必須要殺雞儆猴。教官在司令台上公開譴責並且把害群之馬一個個的抓上來，最大的組頭抓到了，阿發落網了，辦舞會、留長髮、抽煙、騎車，在那個髮禁舞禁的年代，如此叛逆是公然挑戰學校的權威，記兩大過勒令退學！

　　剛好再過幾天就放暑假，阿發的媽媽整天忙著送貨賺錢，爸爸則是完全不關心，所以並不知道被退學之事，阿發也開始找工作。

風靡喧囂 全民瘋迪斯可

　　80 年代後期是舞廳的黃金年代，台北的地下舞廳琳瑯滿目，全民瘋迪斯可的盛況，在民風淳樸的當時被歸爲壞小孩會去的地方。

　　台北的迪斯可（Disco）舞廳發展從一家「名人」舞廳開始，接著開了一家「地下鐵」舞廳，由交際舞廳轉爲迪士可舞廳。那時敦化北路中泰賓館裡面的 KISS Disco，一次可容納二千人，一張門票 350 元，每晚僅一場，加上最炫的燈光和音響設備，讓當時所有台北舞客都趨之若鶩，一開張就打趴其他所有地下舞廳，締造迪斯可光景。位在中山北路的中央飯店（現今的富都飯店）開了全台第二家迪斯可，週六和週日的下午場大多以學生爲主，去舞廳的學生，爲避免一身制服和五分頭被識破而進不去，通常會另有一只提袋，裡頭裝的是一套便服和假髮，門票是 150 元，可以換一杯紅茶或可樂。

　　位於林森北路和錦州街路口的「黛安娜舞廳」雖與飯店附屬的夜總會迪斯可相同，但營業方式卻大不相同，時間分為五個場次，分別是早場、午場、香檳場、晚場和宵夜場。早場最便宜，從早上十點到下午一點，門票 100 元可換一杯紅茶或可樂，大多是學生光顧的時段，最年輕的學生有的才國中一年級；宵夜場最貴門票 350 元，從午夜零時到清晨五點，門票一樣可換酒水和食物；西門町獅子林的「閣樓」和今日百貨頂樓的「Touch」，則以屋頂會自動打開看到天空的開天窗吸引很多青少年族群。另外還有百老匯、16P、SOHO、NASA，全盛時期約有十來家迪斯可舞廳。

迪斯可舞廳通常會有閃耀炫目的水晶球，在視覺上，魔幻的紅與紫色交錯；有的屋頂會自動開天窗，看到滿天星空，吸引很多青少年族群

　　每一場舞會，總有一大群美女，身材高挑火辣，舞姿曼妙，隨著當時最熱門的瑪丹娜、麥克傑克森的舞曲，盡情搖擺，迪士可舞廳放一大段快歌熱舞後，會放輕音樂布魯斯，也可稱做抱抱舞，當音樂響起，男生會去找女伴，「小姐，我可以請妳跳個舞嗎。」，或是「小姐，我可以和妳交朋友嗎。」，之類的搭訕語言，舞廳內男的多，女的少，純跳舞的也有，有些假借星探之名誘拐少女，還有些藥頭販售毒品，那時以「四號」及「安仔」為多，四號比較高級就是海洛因，安仔是安非他命，往往由這些毒品所控制的青少年，有的加入幫派，有的從事特種行業。

高二輟學 轉向八大行業社會學習

　　沒有甚麼事情是過不去的，阿發以「木柵高工太遠了，想改讀夜間部，一邊賺錢一邊讀書，同樣可以完成學業。」的理由瞞騙媽媽被退學這件事。

經過打聽，台北有一所「雅禮補校」（現為南華高中），不用考試即可入學，是三教九流聚集的大本營，因為與木柵高工職校課程不同，必須由一年級從頭讀起，阿發常因為上班而提早離開學校，漸漸失去學習的動力，撐不到一年就放棄了，17歲的阿發成了中輟生，專職去工作。來這讀書的學生，年齡差距頗大，大家從事相關八大行業如舞女、酒家女、洗頭妹、餐廳領班、酒店圍事、舞廳少爺等，同學間並不熱絡，彼此都很神秘，那個年代在八大行業工作也不是光榮的職業，不會細講自己的工作，來這主要是混文憑，或是瞞騙家裡有個交代，阿發在雅禮補校上課期間也因此結交了不少道上朋友。

夜鄉空中花園餐廳

暮色低垂，六條通一帶正是華燈初上，阿發憑著以前在快餐速食店的打工經驗，很順利的在林森北路的五條通找到一家台菜餐廳「夜鄉空中花園餐廳」擔任服務員，夜鄉的營業時間從傍晚的五點到凌晨三點，就是做晚餐及宵夜，那時台式料理的主流是滷肉、三杯雞、蔭豉蚵、菜脯蛋、炒螺肉以及鳳梨苦瓜雞湯、酒家蒜湯…等料理；也有丁香花生、醃蜆仔等卜酒菜，酒類則有玫瑰紅、紹興、生啤酒等。「夜鄉」餐廳設有卡拉OK，有個小講台，客人酒酣耳熱之下可以上去唱歌助興，桌上的點歌單寫上歌名，交給服務員，然後服務員按歌名找到伴唱帶，接著翻好歌本，隨著音樂伴奏，客人就可自行歡唱。

阿發在台菜餐廳「夜鄉空中花園餐廳」任服務員。
當時知名台菜餐廳「青葉」、梅子」、「雞家莊」都是在條通發跡，「夜鄉」的客人以酒場客人為主，並附設卡拉OK。

> ■■■ 八大行業
>
> 指的是有陪侍的特許娛樂產業，依照管理辦法有舞廳業、舞場業、酒家業、酒吧業、特種咖啡茶室業、視聽歌唱業、理容業及三溫暖業等八種。

　　這類的台菜餐廳在 1989 年間很多，吃完飯後高歌一曲，店家會送上水果盤，阿發學習力很強，很快就學會了基本的水果雕花技巧，例如切西瓜就將瓜皮簡單刻花，切柳丁將外皮二刀往內折變成兔子形狀，再放些小蕃茄，水果盤就上桌。許多的客人喜歡喝紹興，喝法有二種，喝熱的放在鐵壺加薑絲或話梅溫熱，喝冰的加檸檬或話梅順口，台式的喝法就要搭配划台式酒拳。

　　台菜餐廳的客人什麼來路都有，做生意的、混兄弟的、公務人員，而通常酒桌上都會出現中年大叔旁邊坐著漂亮年輕的美女，阿發一開始看不懂，後來才知道這些美女就是在附近酒店上班的小姐，這些小姐個個婀娜多姿，手腕極好，能說能唱，把客人服侍得心花怒放，當然她們也得到豐厚的小費，這些酒客吃完飯後接著就往小姐上班的場子消費。而宵夜場則是客人帶著小姐們出場，來這續攤，借由點餐來展現大爺的實力，討好小姐獻殷勤擄獲芳心，那個年代正值台灣經濟最繁華，客人出手大方，夜場燈火通明，好不熱鬧。

　　17 歲的阿發不僅眼力好，反應也很快，在夜鄉餐廳很得客人歡心，也認識不少常客，其中有一位城中區的警察局長官的女性友人，在西門町西寧南路上經營有包廂的卡拉 OK 店，把阿發挖角過去當領班，這家店叫做「歌屋」，從二樓到四樓大小的包廂有十多間，客人大都是老闆的朋友，沒有陪侍小姐，僅靠少爺服務，「少爺」一詞是男性服務員在台灣酒店業的稱呼，女性服務員稱為「公主」，僅提供遞毛巾端茶水的桌邊服務。

　　阿發外型俊秀白淨，有一回還被伴唱帶業者看上，客串臨演一首卡拉 OK 伴唱帶的男主角，到海灘上出外景，演出一段與女主角手牽手跑沙灘擁抱的畫面，阿發為了那一檔，特地鍛練健身了一個月，把身材練出線條來，試鏡時要求穿著白褲加長袖白襯衫，袖子捲起胸口打開露出胸膛，隱約看到胸肌，與女主角來場浪漫之戲，排練一整天，臨演賺了三千元，心裡暗自夢想可能因此踏入演藝圈成為大明星，但當時未談論版權，所以一片多用，之後也沒有再演出的機會。

酒店少爺 練就察言觀色本事

阿發在八大行業擔任酒店少爺的服務工作，六年期間，從六條通的台式酒店「600 暢飲」，到舞廳、鋼琴酒店等地方，那個年代這些行業小費多賺錢容易，每晚在五光十色的霓虹燈光下，燈紅酒綠、酒色財氣的背後，上演著形形色色的人生百態故事。職業無分貴賤，酒店少爺是個服務業，那是人生職涯的一個過程，現在回頭看那個過程，自己學到了很多東西，不僅學到說學逗唱、柔軟的身段；不畏粗鄙、不怕險惡以及對人性觀察的敏銳度和察言觀色的本事，對角頭文化略知一二，應付自如。

1980 年代是條通的全盛時期，那時越戰結束、中美斷交、美軍退出台灣，時值日本經濟復甦之際，日商紛紛來台設立分公司，條通原本就是是日本人密集居住之處，於是大量日本公司再度回流至此，日式酒吧也在此蓬勃發展。在這裡，五個人裡面總有一個是重要人物，可能是老闆，也可能是他們要招待的客人，日本人重面子，你讓他們的客人開心，就是給他們最大的面子，該取悅的人取悅到了，一行人就會開開心心付錢。酒店的客人，什麼樣的人都有，穿西裝的，大部分是來談生意，他們剛開始舉止斯文，酒喝下去後，也是三字經一起來，這些商務客如果是老闆還比較大方，但有的只是領薪水的主管，小費就給得少，因為無法報帳，阿發看到這樣的客人，也只能笑臉應對。

雞不會背叛人，只有人會吃人

酒客中有一位林姓大哥，做飼料生意的，他跟阿發說，他是研究「雞」的，一語雙關，他不但會學雞叫，還知道雞的種類，雞的生活起居，小雞公雞母雞等，有些含意很深奧，林大哥說雞不會背叛人，只有人會吃人，這個功利社會，要很小心，尤其是身邊的朋友。他是做外銷生意的，和台灣同業沒什麼往來，林大哥告訴阿發，「我如果自己想喝就自己來，沒必要與客人在這種地方談生意」，他再說「如果靠這種有女侍的地方，談成的生意，也是有風險的」，難道不來酒店，生意就做不成嗎？阿發在這位林大哥的身上，學到了做生意還是本本份份老實點較好，這種花天酒地談成的，並不長久。

酒拳划得好，保護自己不醉倒

在股市最好的年代，有不少股市大亨的客人，記得康和證券的趙哥，為人海派，每次都帶著一大幫朋友來，小費大把大把的發，小姐少爺通通有份，趙哥酒拳划得好，台灣拳、日本拳樣樣精通，教阿發不少技巧，趙哥靠著酒拳，可以把整桌人給灌倒。有一次阿發問趙哥為什麼拳可以划得這麼好，趙哥說「其實我是不想喝太多酒，隔天要看盤，頭腦得清醒，喝酒容易誤事」，他告訴阿發把酒拳學好，保護自己，將來做生意一定用得上。

角頭老大，重義氣，阿莎力

道上兄弟來店裏，喝酒玩樂或是喬事情的也不少，這類客人其實很好相處，財哥是當地的角頭老大，重義氣，對小弟照顧有加，喝起酒來很阿莎力，兄弟其實對小姐很尊重，不會手來腳來，他們的英雄氣概，往往被小姐們所崇拜。見到兄弟客，阿發只要大杯的敬酒，他們會給多小費，一千二千這樣給，然後檳榔主動供上，「大ㄟ，這青仔啦…」，兄弟客最愛面子了。財哥將阿發當成弟弟，告訴阿發有機會好好把書唸完，千萬不要入幫派，兄弟是條不歸路，他撩起胳膊，一道道的刀疤，才換來這個位子，讓阿發看得一陣心驚，財哥對太太非常疼愛，小孩送到國外讀書，其實早期的兄弟是真性情，有情有義，也不會沒事動刀動槍，大家都是出來混口飯吃，而且財哥說了，真正的兄弟只會包工程但不會碰毒品。（檳榔，棕櫚科植物，最常被食用的部位是檳榔子，俗稱青仔）

演藝台上的光環只是表相

從事演藝工作的客人也不少，有一位在西門町紅包場唱歌的金飛揚先生，有點年紀四十來歲，老是一個人來，坐在角落的桌子，他對阿發說「其實大部分的演藝人員不見得快樂，我們將歡笑帶給大家，私下生活的一面很少人知」，金大哥一臉憂愁的看著阿發。紅包場，是給那些過氣的老歌星登台，或者新人練本事的機會，金飛揚在這紅包場駐唱也不少年了，喜歡他的聽眾漸漸少了，收入靠的是紅包，紅包收得越多代表人氣越旺，有時招待阿發來聽歌，他會將備好的紅包袋，裡面都是裝有 100 元，約有 20 袋拿給阿

發並告知一會兒他登台唱歌時，先拿出 10 袋交給服務員上台打賞他，另一半在三首歌完以後同樣的交給台上的他，這樣，他可能可以再唱一首歌。

　　這就是紅包場文化，裡面有許多手法，阿發看在眼裏，台上的光環只是表相，難怪許多藝人到了晚年落得淒慘，借酒澆愁，人要認清事實，要適時的轉換跑道，不要等到被淘汰。

酒店生態 爭奇鬥艷

　　阿發在六條通的酒店上班，這家台式酒店為「600 暢飲」裡面約有 15 位公關小姐，阿發算是少爺老手，也很會逗小姐們開心，只要阿發進包廂發毛巾、端茶、送冰塊，小姐都會主動幫要小費。那時每天收入的小費約有三千元，阿發下班都會帶那些沒出場的小姐們吃宵夜，或者到 Pub 去玩，這些小姐們對阿發不僅有好感，有些還會主動投懷送抱。

從事少爺工作的阿發，下班後請小姐們喝酒吃宵夜

爭奇鬥艷 女人的戰爭

在酒店工作必須了解酒店生態，在這裡表面和諧，其實彼此勾心鬥角，酒店小姐爲了生存爭奇鬥艷外，爲了搶客人也會大打出手，女人打起架來比男人還狠，抓起頭髮往牆上撞，拿起高跟鞋往臉上敲，當場頭破血流，令人瞠目結舌！

小姐喝醉的醜態也是常有的事，有的大哭，有的不醒人事，都得要好好照顧她們；當少爺要負責店內清潔工作，打掃男女廁所；還要維護店裡安全，在盆栽後面要備有木棍，來應付那些賴皮的客人；也有遇到幫派來砸場子，有一次某幫派捍衛隊一進門，大聲吆喝「散開…我們是某某幫」說完，一群人拿起棍棒，見玻璃就敲、見電視就砸，不到三分鐘就閃了，之後刑事組就會來店做筆錄，當然老闆總會找到對方，進行談判，這就是酒場喬事文化！

酒店下班後的娛樂

中山北路上除日式酒店，還有美式酒吧稱爲 Pub，當時的位置在中山北路德惠街雙城街一帶，1950 年至 1979 年美國派駐部隊於台灣，這些美國大兵喜歡到酒吧喝酒射飛鏢，酒吧的型態不大，一個長吧檯，酒保調製雞尾酒，與客人聊聊天，吧檯的一端有個大鐘，如果敲鐘就要請當天所有的客人喝酒，所以有追求異性時，敲響鐘表愛意，以接受全場祝福；美軍撤台後，這些酒吧還是保留下來，經營型態的改變，Pub 開始有個小舞池，可以跳快舞，成爲台式迪斯可 Pub，而 Pub 的營業時間從夜晚開到天亮，也成爲酒店下班後的小姐少爺的好去處。

自摔腳骨碎 手被打斷

有次阿發騎著車，行經二重疏洪道，爲了要超越砂石卡車，阿發騎向右側催油門向前，但右側爲沙地，一不小心滑倒「雷殘」了，右腳被卡車輾過，命是撿回來了，但右腳踝粉碎性骨折，休養半年，爲了這事，阿發媽媽，特地到出事地點，帶了牲禮祭拜燒金紙，化解厄運。在家休養半年養傷

期間，找來深坑的兄弟代班，再回「歌屋」，一大半同事都變成深坑幫，阿發這個老領班已變成虛位，很難指揮這幫人，體會出「花旦一但離開了原舞台再回來已是丑角」，有一回一幫深坑兄弟來店歡聚，樓下的車被一個吸食強力膠的精神病，站在車頂跳呀跳的，深坑老大帶著二個小弟把人打斷三根肋骨，臉腫得變形，話都說不清楚，事情鬧大了，警方追究責任，大伙兒不肯承認，阿發也因此離開了這家店。

在家期間，阿發也沒閒著，駐著拐杖向電動玩具業者租用「麻仔台」做起生意，麻仔台就是一種賭博用的電動機台，有小瑪莉及水果盤，投錢押鍵，待轉燈停後就可以知道中什麼，若是押對了，就會依賠率和押的數量吐錢出來，以中 777 為賠率最多，當時深受大小朋友喜歡！

阿發曾在長春路上一家 KTV 圍事，那時店家用阿發的名義，合法申請電擊棒，專用來對付鬧事的客人，1990 年百業興旺，錢櫃也開了好幾家店，到 KTV 唱歌成為朋友歡聚的場所，長春 KTV 為黑道所經營，兄弟客特別多，阿發的道上朋友也常來捧場，有的簽帳，但總能結清，KTV 工作時間長，收入低小費少，上了一陣子，阿發還是選擇回到六條通的酒店上班。

有一回阿發下班約了友人一起到長春 KTV 去唱歌，買單時與原店家起了衝突，原因是一張簽單，阿發的朋友來消費，簽了阿發的名，阿發當然不認帳並且「嗆聲」，出了門口店家派了 6 個人，在一陣混亂後，阿發被對方用鐵棍打傷了左手，幸好三組及時趕到，喝住「全部給我趴在牆上，你們在幹嘛…」，阿發回答「沒事，誤會一場」，三組說「不要再打了，趕緊回家」，就這樣友人送阿發到最近的大屯大飯店休息，用熱水熱敷後而離開，隔天手腫得二倍大，才知道斷了！（三組就是刑事警察現在的偵查隊）

手好之後，再回到店裡工作，受傷期間找來木柵高工的同學阿智代班，阿智是基隆金山人皮膚黝黑，長相一般，不過很會講笑話，代班期間阿發想追的女人被他泡走了，「七仔」變成嫂子，那一陣子阿發與阿智經常在德惠街的住處一起喝酒，笑談夢想！

舞廳與歌廳的轉職人生

阿智有一幫金山朋友在西門町的舞廳當少爺，在阿智的介紹下，阿發轉而到西門町舞廳上班，也與這幫金山兄弟在西門町溫蒂漢堡後面巷弄的雅房居住，從美國來的溫蒂漢堡，在西門町受到年輕朋友的歡迎，有特殊牛肉漢堡味以及焗烤培根馬鈴薯；學生總會在這裡磨蹭整個下午，巷子前面的唱片行，經常放著粵語歌及一些西洋歌曲，Because I Love You 當時的慢歌之王。

舞廳大班 意外出事

在舞廳上班，阿發學會了「翅仔舞」，翅仔舞就是探戈的改良式台式跳法，男女臉貼臉，屁股翹高，圍著舞池繞；另一種是快節奏，類似國標舞吉魯巴的進階跳法，又稱為梭舞（Soul），男生以手牽拉帶動女生走步轉圈圈；舞廳分有午場、晚場、宵夜場，台北較出名有「米高梅」、「華僑」「新加坡」及西門町「夜巴黎」、「亞洲」、「統帥」。

與阿發同期在舞廳上班的朋友「小梅」舞跳得相當好，小梅本名梅立言，長得娃娃臉，雖大阿發幾歲，但看上去比阿發小，小梅從少爺一路做到大班（舞廳安排小姐上檯的經理稱為大班），小梅總是梳著油頭手夾包，他習慣作筆記，把客人的特徵喜好記得很清楚，很會帶檯安排小姐，所以在舞廳界很有名氣，事隔多年後從新聞中才知道小梅出事了，報導他是位患有愛滋病男同志，這個訊息讓阿發百思不解，樂觀的小梅喜交女友，怎麼會喜歡上男的呢，不僅如此報上還寫著當紅梅大班，因窒息式性愛而死亡，而後報導的真相是～被一個海軍陸戰隊退役男子，不滿患有愛滋病的小梅試圖對他G交，憤而勒死對方並洗劫財物，小梅事件，讓阿發反思，幸好及時脫離了八大行業。

鋼琴酒店 輟學的遺憾

舞廳上班時間太長，阿發找到一家高級的鋼琴酒店工作，鋼琴酒店的設施以鋼琴為中心，四周為開放式包廂，有琴師、吉他手彈奏音樂，可以點歌，也可以上台唱歌，鋼琴酒店以「公主」窩包為多，公關小姐端莊高雅，談吐大方，客人以商務客居多，在鍛鍊了幾年後，阿發已經練就一身本領～唱歌、喝酒、划拳、跳舞樣樣精通，應付客人游刃有餘，深受歡迎；鋼琴酒

店大約營業到凌晨三點，因為單純，所以男女客皆可來，那時有不少港星譚詠麟、莫少聰…，由影視大亨帶來，台灣那時候喜看香港電影，也有很多「港仔」在台工作，帶動很多流行，香港西化得早也很會玩，這些港仔客喜歡抽大麻，大麻抽後大笑，食慾大增，酒也變得很能喝！

　　眼看也快被通知入伍當兵，為了晚點服兵役，阿發再去念補校「東海中學」的美工科，比較輕鬆可以學點畫畫，東海中學在三重離蘆洲很近，下課後和往常一樣到鋼琴酒店上班，穿著背心打著領結，工作到三點回家；這裡常有許多女客人，大都是那種婚姻不幸福的居多，有個常客「郭姐」家住信義區單身，有大學學歷，老看不起她男朋友是開怪手挖土機的，不過這位大哥，看起來蠻厚道，有點害羞，酒喝下去後，他說開怪手其實收入很高，二三十萬元，兩口子很愛吵架，後來才知道大哥學歷低，才會容許郭姐這樣的謾罵，阿發看在眼裡，心想著未來有機會一定得補上輟學曾經缺乏的那一塊，否則賺再多的錢，永遠也不會被尊重。

酒店少爺的阿發
鋼琴酒店端著托盤熱情的服務客人

浪子收心等當兵

郭姐有一次招待美國回來的朋友，其中有一位大齡女子阿秀姐，爲了拿綠卡得一半時間居住夏威夷，她喜歡閱讀書籍，氣質出眾，體態維持得非常好，她說她是台南人，住在內湖公園旁的大湖山莊，那個時候有很多像她那樣的人在美國坐移民監，阿發從她身上學到不少人生的道理，很多事情也請教她，空暇之餘也時常相約遊玩。阿秀姐語重心長的告訴阿發：「你人生還很長，不應該一直在酒店上班，這樣沒有前途，趕快去找份正當的白天工作，退伍以後才可以做事業。」這句話猶如警鐘般敲醒阿發沉溺在酒店業的舒適感。

觀察人性推論事情

有一回，阿發與朋友出去喝酒，阿秀姐打了無數的叩機，卻沒回；那個時候台灣沒有手機，BB Call 成了連絡的工具，當叩台叩你時會提示對方號碼，或是打回叩台問對方留言，如果在信號不好的地方就會收不到；所以在娛樂的場所常常訊號不好，漏掉訊息。隔了幾天，阿秀姐眼睛瞄到阿發換了不同牌子的香煙，問起「那天去哪了？怎麼香煙換了…」，阿發說得支支吾吾「煙因爲那天沒貨了，所以才改抽三五…」，這時阿秀姐就如推理漫畫裡的柯南，說了「你那天一定在有小姐的酒店裡喝酒，才不方便回叩，而你平常抽的是七星煙，因爲抽完了，所以將就店內所賣的煙，台北市便利商店這麼多，你倒說說哪裡會買不到…」，被這麼一說，百口莫辯，全盤招認，而從這次，阿發學到了觀察人的習性去推論事情。

阿發有了駕照後買了一台二手的白色喜美車，這個日系車款深受年輕人喜愛，有車就可以載美眉遊玩，那個時候沒有酒駕開罰，所以，只要人在哪，車就在哪，可方便了；阿發也常載阿秀姐四處走走，有一回阿秀姐發覺，這車剛洗好怎麼煙灰缸有煙頭，好奇怪！隔了二天再問阿發「你那天來載我，車剛洗的怎麼會有煙灰頭呢？」，阿發說「因爲要去接妳，前一天就去洗好車了，抽煙當然要彈在煙灰缸，要有公德心，這是國民禮儀呀。」，阿秀姐說道「禮你的頭，你當我今天才認識你，你的習慣，車很乾淨時，煙

頭一定是往外丟，你那天旁邊一定有載人，而且是女的，才會表現紳士風度…」。實在太佩服阿秀姐這麼沉得住氣了，讓阿發再次學到「事緩則圓，遇事不要當面拆穿，事情緩一緩總是會解決」，阿秀姐睿智成熟的人生智慧深深打動阿發，阿發頓時把所有的豬朋狗友的電話本往外一丟，在蘆洲和平路上找到一家做小型變電器的工廠，跑去當作業員，等待當兵。

酒店哲學 互利雙贏

有一天，阿發問阿秀姐「妳認為男人去當兵，女生應不應該等著男人回來？」，阿秀姐不假思索的回答「不會等！」，一時阿發震驚住了，阿秀姐接著說「男人當兵，經過部隊的磨練心智會變成熟，看待事物的角度也不一樣，如果女生等著男方，而男人退伍後不要這個女生了，試問女生的專情而浪費了青春，怎麼辦！青春誰來還，何況將造成女方莫大的傷害！」。多年以後回想起來，阿秀姐的用意是切斷兒女情長，專心當兵，莫因情感而兵變，而且一般男人退伍後往往會選擇更好的女生；隨著阿發當兵，與阿秀姐的姐弟情緣也告一段落。

在八大行業的工作，學會察言觀色也看盡風華，在這些行業工作的小姐，無不為了求財而低聲下氣，有不少人是因為家庭因素及各種困難；而客人大都是抱著玩樂心態，欺騙感情為多。那個年代，姿色較好的被拿錢追著捧，但手腕高的往往不是最漂亮的，「女人如果是美麗的和錢是有緣的；男人如果是有錢和誰都是有緣的。」這是阿發深切的體悟，在酒店也學會與人互動的基本道理，你得對別人好，別人才會對你好，生活是互利互助的。

▋處世座右銘

三更燈火五更雞，正是男兒讀書時；

黑髮不知勤學早，白首方悔讀

書遲。

~唐代顏真卿的《勸學》

CHAPTER 04

當兵的淬煉 成爲眞男人

　　1994 年阿發 23 歲，帶著簡單的行李到台北車站集合，在媽媽不捨的叮嚀下「在部隊要乖乖的，不要再惹事，保重身體…」，坐著莒光號到宜蘭金六結新兵訓練中心報到。

　　1990 年 7 月 1 日開始，中華民國國軍義務役役期不分軍種，服役時間統一為兩年。那個年代，解嚴後的部隊內部氣氛，隨外面世界的變化開始鬆弛下來。

好男不當兵，好鐵不打釘

　　當兵是每個國民應盡的義務，當時義務役，只要滿二十歲，區公所的兵役課就會來文通知，高中職以下畢業的只能當士兵，大學畢業的可當軍官，雖然說當兵是男孩變成男人的成年禮，踏入社會必經的第一站。但比較有辦法的屆役青年，無不想盡辦法，能逃則逃，不去當兵，古有明訓「好男不當兵，好鐵不打釘」。

　　為了逃避當兵，花招百出，很多人會向區公所提出身體不適的證明，有的喝醬油到醫院照 X 光，說肺有問題，有的說高血壓糖尿病，也有的去開精神分裂證明書，千奇百怪任何雜症都有，但如果是真有病可免疫，假的當然逃不過兵役課的法眼。當時的社會，富裕的家庭，父母會運用關係讓小孩不去當兵，或送到國外歷練，再回到家族上班。

　　阿發認識的朋友不少，遇到不少人都說有辦法「不用當兵」，一位蕭先生，會點命理把阿發的命格說得口沫橫飛，這二年會如何發達，去當兵將會錯失大運，要求阿發只要拿出 30 萬，他來關說即可免役，當時的阿發沒有積蓄，但手上戴著俗稱「紅蟳」的勞力士手錶，這位蕭先生說道「不然，這紅蟳先壓我這，先把事辦好，你再慢慢還我好了…」，阿發那時也天真的相信，竟然把錶給了才認識幾次的朋友，隔天人間蒸發，找不到人，被騙的滋味不好受，上當了後就此打消逃役的念頭！

新訓大頭兵 培養服從

　　阿發一到營區分配好位置，馬上面對班長的下馬威「天兵啊，站都不會站，全部給我蹲下…」，阿發被這氛圍嚇到了，不管在外是多大尾的兄弟，就算全身刺龍刺鳳進來這，全部都一樣，不聽話就操死你，敢反抗就關禁閉，進中心理了光頭換上軍服，就是軍人，就得服從命令，不合理的訓練是磨練，由不得你！

　　整齊化一的步伐與響亮的精神答數，遵從規矩，聽令行事，避免犯錯。新兵訓練早晚要跑五千公尺，跑步答數唱軍歌，行軍演習，到營房內的整理內務、折疊「豆腐乾」棉被，與被罰交互蹲跳等等，新兵訓練基本四個動作，分別是立正、稍息、原地間轉法（左右轉向後轉）每個動作都有口則，都得背誦，站要有站姿坐要有坐姿，基本訓練諸如此類枯燥、繁瑣的儀式，目的主要是為了消滅血氣方剛的個性，培養服從天性，以成為一名真正的軍人，阿發光一個立正口令暈頭轉向背了好久，被處罰了許多次才記起來。

　　新兵訓練每個人都覺得班長很變態，以操兵為興趣，每天從起床到就寢只要犯錯誤，不是俯地挺身，就是蛙跳，內務不整齊，棉被豆腐乾折得不夠方正，就等著受罰，教育班長們會用盡辦法，將新兵生理與心理催逼到極限，當兵被賦予成年禮的象徵，同時學習陽剛氣質以及男性社群文化。

逢迎拍馬 互利共生

　　新訓中心，常有許多公差，缺人時需要新兵的專長，這些公差可以逃避訓練，阿發很幸運被選到鍋爐公差，進中心第三天，班長問「有沒有讀機工科的？」，阿發回答「報告班長，我讀電工機械科的。」，就這樣，新訓中心的二個月都在燒鍋爐，新訓中心的鍋爐很老舊，燒熱水得燒好幾個小時，使用的是軍用柴油，柴油的質量應該也是普通級，每天得燒二波，下午燒到晚餐時，給新兵洗澡用，晚間燒的給士官用，鍋爐的桶身鐵皮破損，交接時那位前一梯的學長說「這裡可以藏香煙」，在新訓中心新兵是不可以抽煙的，然阿發在鍋爐房，依舊香煙裊裊，好不快活，常常到新兵入睡時，班長

會搖醒阿發，「拜託，放下熱水」，按照軍中規定十點後是不能指使士兵做私人服務，所以班長們對阿發很好，有時請阿發抽煙，阿發也樂於服務，大家互相嘛，跑步操課，阿發因為出過車禍，他們也給予方便免操體能，這都歸功於「放熱水」！阿發在酒店工作那六年的社會經歷練就了逢迎拍馬的功夫，施以小惠，互利共生。。

編造胡謅 放假得逞

在那個年代，軍中的管理也是宣傳黨的信念，強化黨的組織，吸收新進黨員，阿兵哥就成了對象，在莒光日中，先教育中心思想，一再說明國民黨如何建設台灣，你們投票一定得投國民黨，並且明示「關中」、「丁守中」是最好人選；不斷的洗腦，也會做基本的調查，家裡有沒有民進黨的成員、有沒有從事記者的…，阿發耳聰目明的編造胡謅說「我表姐是聯合報的…」，只要能入黨可以放三天黨假，這麼好的事阿發怎會放過，結訓前，回台北輕輕鬆鬆的玩個三天，休假自由的可貴正是反映了當兵的苦悶。

閃過海龍蛙兵 分發到關山砲兵營

下部隊前，各單位會來選兵，有國防部的、後勤指揮部、陸戰隊的…；阿發的體格不錯一米八，被一個穿輕便運動衣的長官看中，阿發問「報告長官，請問是那個單位？」，那位長官笑著說「我們單位福利很好，假也很多…」，因為沒明講，在長官在挑選其他人時，阿發向熟識的班長問，班長告知「你很幸運，籤王海龍看上你」，蛤，蝦毀！阿發趕緊舉手，「報告長官，我右腳出過車禍無法跑步，左手斷過使力有問題」，並且提示醫院證明，才換了單位。

有驚無險的閃過海龍蛙兵挑選，阿發分發到陸軍花東防衛司令部砲838營，838營是基幹營，整個營區軍士官兵加起來不過一百多人，只有編列三個連：營部連、砲一連、砲二連。營部連除營部長官的行政工作外，伙房、管理彈藥庫及大門站哨等勤務，早上打掃落葉、保養軍械…，編制三十多人；砲連人更少，大多數是自願役士官，二個連負責六門105榴砲，另外彈藥庫及執勤台帶上哨的執勤工作，所以上午集合聽完營長講話後，各部隊帶

回各自連上，平時在駐地除衛哨沒有太多繁重任務。每年裝備檢查時期，保養裝備較為忙碌，還有就是一年一度移防，為期三個月下基地到西部斗六砲兵射擊訓練地，進行演習。

阿發與同袍間相處甚歡 後排右四為阿發

　　部隊位於台東縣關山鎮的半山腰，關山鎮坐落於花東縱谷平原南段，有卑南溪流過，東為海岸山脈，西為中央山脈，關山的氣候怡人。營區生活非常舒適，但剛到營部連時，阿發並不太能適應，在部隊很重視學長學弟制，晚點名後會操兵，伏地挺身按梯次計算，梯次越後面做的俯地挺身越多下，上兵不用操體能，在旁邊監督，頂撞或犯規的去旁邊蛙跳，如果遇到新兵不聽話的，就寢後學長會把你叫起來，拖到外面給你再教育，如果去申訴，連上長官也不會理會，畢竟大家都是過來人；連上就是一個活動室及大寢室加上連長室、副連長室、輔導長室及士官長室四間小房間所構成，浴室與廁所連在一起，在連上的邊上，吃飯則在營部大餐廳。

　　阿發因爲讀過一年的電工機械科，分配到軍械士管理槍枝，有聯勤 205 廠兵工廠所生產 65 步槍、T75 手槍以及美製 50 機槍等；其實，阿發對槍枝沒興趣瞭解，只要它們不生銹即可，檢查裝備倘若發現有銹點，就會倒大霉；有一回，連長告知阿發，爲什麼他的手槍彈匣沒有辦法彈跳出來，阿發說「報告連長，沒有問題，我來處理…」，隔了一周，阿發說「報告連長，您的手槍借我」，裝上阿發用銼刀磨薄的彈匣，還是沒有跳出來，阿發又說「報告連長，子彈借我」，此時連長眼睛瞪大，一臉緊張看著，有了重量後，果然成功了，手槍退彈匣就像周潤發電影演的那樣，輕鬆自如神氣飛揚。

　　連長是阿美族的原住民，喜歡看電影喝點小米酒，在部隊有許多軍士官來自原住民，原因是部落的出路少，而從軍不但有豐厚的收入，退伍後又有終身奉祿，生活較爲安穩也可改善家庭經濟，成爲許多原住民的選擇，這些軍士官大都是軍事學校畢業，體能也比漢人來得好，但能高昇將領的沒有幾人，大多數是中校上校退伍的爲多。連上的士官長來自台東的卑南族，族音重喜歡講笑話，與士兵相處融洽，放假時常邀弟兄到他家鄉作客，但在阿發升上一兵時，這位士官長退伍了，換來一位漢人士官長個性就截然不同。

斗六下基地 得心應手

　　每年度部隊會由台東關山移防到西部斗六砲兵基地，斗六砲兵基地設於濁水溪兩岸，三個月的基地訓練，105 榴砲以二噸半的軍用卡車拉到基地，台灣的砲兵是可以坐車，不像步兵以夜行軍抵達陣地；砲班的訓練頗爲辛苦，一班六人組成射擊任務，課程爲跳砲操在規定的時間內訓練挖駐鋤溝，最累的屬夜間測驗，有一個星期的顛倒教育，就是白天黑夜完全顛倒過來，傍晚六時，視同早上的起床，展開一夜的作戰計劃。

　　測驗時，砲車通過「分進點」，各砲班，也開始計算時間，因此分進點一過，砲車速度加快，當「射擊任務」指令響起，開始賦予射向。接著以手工挖駐鋤溝與掩體。陣地射擊，射擊口令仰角 X 度，瞄準手拉砲管，到相對角度，接著送上彈藥，此時就緒，砲班士官長喊「發射了」，射擊手往後一拉，砲彈發射出去；原來眞正的砲是用拉的，不是用打的！砲彈發射時，如果觀測所傳回來是「不見彈」，那就遭糕了，對測量班而言提供的數據，

就是要「命中目標」，濁水溪中設有目標，用石頭堆起，上有石灰記號使目標明顯，周圍又用石灰畫圈，砲彈落在圈內都算命中，如直接命中目標，整座就會垮下來，阿發聽學長說起，以前曾經有誤炸觀測所，不得不小心，而演習視同作戰也不得馬虎。

在下基地前營部連得編一組測量隊，並且得提前一個月到達砲營地，利用經緯儀、雷觀機進行戰地測量，這是個難得的肥缺，通常都是比較油的上兵學長才有的福利，阿發因為人際關係手腕好，所以學長帶上他，舒舒服服的在田野過上一個月的生活，可真就是一個字～爽！測量隊主要的任務是測算榴砲射擊的距離，斗六的砲陣地在濁水溪為假想敵人所在地，測量兵用經緯儀一段接一段的把射程作實際的記錄，砲兵普測以架設經緯儀的速度、準度及操作的精準度為成績，另外觀測站採用雷射觀測機做遠距離的驗證敵人的位置，阿發對於雷觀機的使用熟練，在觀測站上視野遼闊，以雷觀機可看到一公里外的射擊情況，在演習時將數據回報給射擊中心，如果數據準確就能命中目標，成功的演習就是下基地的終極目的，取得好成績，可以放許多榮譽假，放假對阿兵哥而言才是實質的獎勵。

砲營測量兵
阿發在觀測站以雷觀機觀測
一公里外的射擊情況

背值星帶的士兵長

阿發深知只有把封建制度建立的更完整，權利才能集中，部隊才會更有紀律；這在日後經營公司，也得到最好的驗證。

阿發經過社會歷練，待人接物，善於討長官歡心，與同袍間相處甚歡，只不過經常混水摸魚，操課時常舉手出公差逃避幹活，兵當久了也便老油條，連上班長學長拿阿發沒輒，「別人在操，他在爽…」，晚點名時，阿發會交待對新兵加倍操練體能，把封建制度建立得更加倍完整，整個連上的事務及衛哨排表、休假等都得經和阿發喬好才能成事，部隊的長官當然看不下去，每回都是阿發意見最多，有一回，營長休假，連長索性叫阿發背值星帶，這真是破天荒，讓阿發瞭解部隊難帶之處，也是以夷制夷，值星官本是由排長擔任，這下好戲上場了。

一早起床集合，連集合場點名，阿發頭一次喊口令「中央伍為準，向右看齊，向前看，立正！」，然後阿發開始點名，這時候老學長眨眼提示，阿發向前小聲問「安怎？」，學長說「稍息啦」，阿發趕緊箭步向前修正並向大家致歉「金歹勢…」，接著喊其中一位班長出列，部隊交由他指揮，阿發小聲的交代「帶去跑三千」，那位班長後來問他「你怎麼不跑？」，阿發回答「我要寫工作日誌」，晚點名後操體能，阿發也是請別的學長出來帶隊，自己卻去排值勤表，但也奇怪，阿發背值星帶的這周連上效率特別好，阿發對老兵好，鞏固權力，對新兵在勤務安排上給予公平，夜班排哨做到大家滿意，所以把連上帶得特別有向心力，這是連長萬萬沒想到，然營長回來後將連長批評一頓，怎能容許士兵帶部隊！從此砲連的弟兄叫他～士兵長，這可能是建軍以來唯一的士兵長。

阿發在部隊很吃得開，這要歸功於過去幾年在複雜環境下的工作磨練，懂得人際關係的拿捏，比較圓滑會盤算；軍中伙食由每連輪流承辦，如果長期由固定的採買人員，將會有弊端產生，輪流的好處，菜色可以多變化，但若把伙食辦不好，除了長官批評，還會被同袍公幹，也是件吃力不討好的差，營區伙食預算有限，也因為人少無法配送，得下山採買；每次輪到營部連辦伙時，總是常被罵菜色不好，都怪罪採買弟兄，弄得這項工作沒人敢接，連長看上阿發的聰明機智，把這項任務交給了他。

在大單位會有編制伙委及採買，伙委與採買是相輔相成的，伙委負責設計菜單、統計用餐人數、伙食費精算等等；採買則是負責選購食材，逐一採買以符合伙委設計菜單，掌握好食材質量，伙委採買不好幹，光是菜單的設計要合乎預算，菜色也要豐富，如果有人因為拉肚子或中毒，或量太少不夠吃，那可就麻煩大了！而在這838營區人少，工作量不大，伙委採買只有編制一人，精簡部分作業程序；交接時前任伙委都會把之前菜單提供給下任伙委參考，但得控制每天的伙食費，才會有結餘，月底才能加菜。

阿發因在餐館打過工，對於菜色有一定的瞭解，並且阿發充分掌握了全營人數狀況，尤其營長一個月會哪幾天休假，那幾天的伙食會差一點，這樣平時的菜色可以比較豐富，一天有三餐，早餐容易搭配，午晚餐要兼顧二葷二素一湯較為傷腦筋，餐餐要有肉有魚，軍士官兵才能滿意，阿發很會搭配魚類，常見有秋刀魚，一條十元，切一半成二人份；白帶魚專挑只有皮沒啥肉的較便宜，幾塊較有肉的供長官桌；柳葉魚也是，有卵的上長官桌；吳郭魚裹麵粉下去炸，吃起來香酥脆有嚼勁又有飽足感。

阿發每天出營區到山下市場採買，經常講笑話和市場的阿桑們打成一片，賣水果的小販看他能言善道討人歡心，總是要阿發乾脆留在關山當女婿，別回台北了；有時候經費控制得不好，阿發會先欠帳，等著營長不在的那一周，吃差點，將伙食費補上所積欠的；中午前回營區，就在廚房打混不跟著操課，因為伙食辦得好得到長官的肯定，卸任採買，總有許多榮譽假可放。

軍中的放假制度採積假制，大約一個月放一次假，假期大約五天，表現好，長官會給予榮譽假，當兵最期待就是放假，在假期前得把勤務調整好，通常會找幾個弟兄結伴同行，阿發幾乎會與同梯的阿堯以及砲連弟兄一起同坐自強號回台北，從關山回台北車程大約五小時，關山是小站，大多數沒有坐票，阿發與弟兄們就一路在車廂頭的廊道，玩起撲克13張，有時候贏點小錢，不但車費找回來，還可在台北玩樂花用。

　　當兵收假不能遲到，更不可逾假未歸，這是軍中大忌，是要送禁閉的，禁閉室是一個很小又封閉暗無天日的小黑屋，沒有窗戶也沒有電，除了睡墊桌子和凳子及蹲式馬桶之外，其他都是空蕩蕩的；在部隊裡士兵進了禁閉室，那就是犯了嚴重的錯誤，禁閉室一關就是七天，裡面的操兵生不如死，除睡覺讓你在大太陽下操練蹲馬步伏地挺身，整日罰站蹲跳，在禁閉室裡完全沒有人權，對外不開放，不准探視，就有不少頑固分子於禁閉室中被操到死亡。

誤拉槍機 險關禁閉 危機的考驗

　　營區除了站哨，實在沒什麼事，午後二點沒有太陽，部隊會在操場打慢速壘球，也大約一季會開放營區與山下的關山工商聯誼，關山工商是一所綜合高中有許多女同學，當這些女學生來到營區，砲連的弟兄，總會使勁的介紹他們的大砲，如何瞄準敵人後方一舉殲滅敵軍…並且展現體能秀肌肉，借機搭訕，但好像始終沒成功過，學生們大都抱持好奇心來參觀，並非來交朋友。

　　阿發對這種聯誼沒什麼興趣，當兵前風花雪月的日子早已過盡千帆，心智比一般人成熟，平時若有時間會看點刊物，遇到連上弟兄有困難時會幫忙排解，大部分的問題不外乎是排休假及排衛哨，有的學弟家裡有事得與人調休，有的被凹，站大夜班衛哨，這些都由阿發與士官長溝通協調排解，如士官長休假則由排長或副連長代理。

　　當兵當久了，總是油條，夜哨往往會由新兵搭配老兵站哨，有一次阿發正在站衛哨，那次是副連長排錯阿發的班哨，而連長又正好休假，晚點名集合時副連長正在講話，在距離 50 公尺的營大門，阿發向新進弟兄，示範清槍動作不小心拉了槍機。

　　這事可不得了，副連長正好逮到可以修理阿發的機會，借題發揮，馬上向上呈報，雖然槍膛裡沒有子彈，但在軍中這是很嚴重的錯誤，一定會受嚴厲處罰，阿發心知這件事非同小可，等連長回來，馬上會法辦，此時阿發害怕了，萬一關進去禁閉室，哪還有命回來！

　　阿發知道事態嚴重，二天後連長銷假回營，當晚立即敲門找連長誠懇認錯，並說明絕無子彈上膛，也不是針對副連長，一切純屬誤會；同時再分析情勢利弊，他告訴連長如果法辦，對連長的考核也會牽連受影響，將來升遷恐有阻礙；最後阿發聲淚俱下求情，述說自己從小到大悲慘的成長遭遇，經過動之以情，說之以理，加上輾轉透過台北的朋友，動用國防部二位中將，打了電話向營長關說，才成功化解了這場危機，保著小命！這件危機事件讓阿發徹底警醒，衝動與情緒絕對是人生不可輕犯的大忌，如何鍛鍊自己更加沉穩，需要靠智慧與成熟的累積。

　　但這個事件惹毛了輔導長，晚點名時命令全連蹲下，輔導長義正詞嚴訓著說「有人仗著關係好，有本事就不要在這裡…」，從此讓阿發收斂乖巧許多，幸好長官輪調，輔導長調到花蓮，大約半年後，連長也要調升，指揮部會派新連長來接任，萬萬沒想到新連長就是以前的輔導長，阿發心想這下慘了，與其任人宰割，不如先輸誠，低頭不過是為了生存！

　　新連長上任的第一天，竟然沒有新官上任一把火的強壓氣勢，反而令阿發更加害怕，他鼓起勇氣向連長室走進去，「報告連長，我想找您談談」，連長沒有正眼看他，「說吧，有什麼事」，阿發說「以前是我不對，希望您大人有大量，而我也會乖乖的不會給您惹事」，「另外部隊新來的兵，我也會管好，部隊我會帶好…」，經過阿發宣誓效忠後果真在離退伍的這幾個月，連長沒有找阿發麻煩，阿發也盡力配合，兩者相安無事，結束二年軍旅生涯安全退伍。

■■■▶ 清槍口令

「清槍開始，清槍蹲下，轉槍面向左，取下彈匣，檢查彈匣內有無子彈，無以食指按壓托彈盤，檢查托彈盤是否正常，正常轉槍面向後，拉拉柄將槍機固定在後，關保險將槍斜舉於左胸前，檢查藥室內有無子彈，無，將槍輕輕放下，送上槍機，開保險，擊發，拉拉柄兩次擊發，再擊發，轉槍面向左，裝上彈匣，轉槍面向後，蓋上防塵蓋，起立後報好，好。」

這一連串的口令，就是清槍時要念的何謂清槍？就是怕槍內有子彈或異物，會不小心擊發，造成悲劇，所以要做清槍動作以確保槍中無子彈。

內心堅定 身著軟蝟甲

　　從小生長在豬屠口社會底層殘酷的環境，看盡逞兇鬥狠，幫派角頭、賭場毒窟的人生，阿發曾經恐懼、徬徨、自怨自艾、寂寞、尋求認同，體內流竄的是那個年代、那個所在、那裡的人才有的草莽的血液，應驗了達爾文進化論「物競天擇，適者生存」的真理，阿發生性較樂觀，總懷抱著「發財夢」，在惡劣的環境下不斷進化和適應，也練就出屬於庶民的生命力與能量。

　　在八大行業工作期間，在娛樂場所夜夜笙歌，把酒狂歡的迷醉百態人生中，阿發像塊海綿般的大量吸收和學習，姿態低身段柔軟臉皮厚，絕不是卑微低頭、搖尾乞憐，而是內心堅定身體仿佛穿著一層軟蝟甲，讓自己順利游走在聲光十色的工作領域中，不僅累積了人脈資源，也讓阿發在急需化解危機的時刻得到關鍵助力。

　　一個懂學習的人，不會滿足於身處的環境，面對瞬息萬變的世界，都會不停的尋找機會，在任何領域都能變得強大無比，不管在哪裡都能嶄露光芒，學會蹲下，是為了跳更高。。

　　當兵服役經驗對很多人而言，都是痛苦、無奈、苦悶、情緒低落、能免則免能逃就逃，部隊是個巨大染缸，在當兵期間也可以學到各種壞習慣，好勇鬥很、窮兵黷武，以及父權、威權、濫權的男性氣概，也可以逐漸摸熟現實功利、利益交換、斤斤計較和世故妥協。

　　軍營是個大熔爐，退役後，阿發已經是一個成年人，凡是要對自己負責，所練就逆境中求生存的能力，人際間的察言觀色和柔軟的身段，是阿發開始奮發向上，創業的本錢。

▋處世座右銘

抓住機遇，見好就收

樂天、適時放下

Part02

單槍匹馬闖江湖
肉搏歷程

駿馬奔騰圖
劉勃舒
中國國家畫院前院長

放手一搏 永不放棄

1996 年大陸正值經濟起飛階段，人口結構有大量的年輕職工，正好提供給台商西進的好機遇，也因為兩岸特殊的關係，開出許多讓利的優惠台商政策。阿發看準了這波台商西進，需要許多的設備廠需求，用少少 25 萬台幣，善用貴人提攜法則勇敢創業，「沒傘的孩子只能往前跑」，放手一搏，只要肯努力一定會出頭天，萬一失敗了，趁著年輕回台還是可以再奮鬥，肯吃苦就算和母親一樣送貨也能圖溫飽。

「人在異鄉想著故鄉的月」，或許從小的孤獨，鍛鍊成永不放棄的決心，阿發在大陸三千多個日子裡，每當難關來臨，總是告訴自己，在台灣的母親等著我成功回去，心裏最深層反覆著母親的那句話「不要忘了你自己」，這個信念支撐著所有堅忍的毅力：單槍匹馬就是為了要「脫貧」，除了賺錢，客戶的滿意就是最大的鼓勵及動力，創業之路除了勇氣，還要有前瞻的眼光，掌握關鍵資源，抓住機遇，講信用重承諾，勇於承擔挑戰自我。

● 翻轉人生 ●

Chapter 05 社會新鮮人 一把扳手闖「天車」

Chapter 06 創業之路 摸著石頭過河

Chapter 07 創業之路的貴人 如虎添翼

Chapter 08 台商西進 機遇與轉型

Chapter 09 台商甘苦 險惡環境 處處危機

社會新鮮人 一把扳手 闖「天車」

　　換上橘色工作服，拿起一把扳手，鎖著螺絲，就如同玩樂高堆疊積木般，將一個個的零組件結合起來變成奔跑的「天車」，對於一個社會的新鮮人而言，從中獲得滿滿的成就感。

奔跑吧「天車」

　　在工業轉型，台灣位於全球電子代工業龍頭，帶動了工具機產業，不乏有許多大小配套鐵工廠，台北縣三重蘆洲一帶這類的工廠很多，由於地緣關係，阿發從蘆洲小鐵工廠，拿著扳手，從事起重機的製造安裝，扳手工展開人生。1994 年，阿發找到離家不遠的「立達起重機工程行」，這是一家獨資的六人公司，阿發先從打雜做起，後來調去蘆洲堤防邊的工廠歷練，工廠是做「天車」的，「天車」是工廠吊重物的一種搬運設備的起重機械，因掛在廠房的上方，像是一台會動的車子，所以俗稱「天車」。

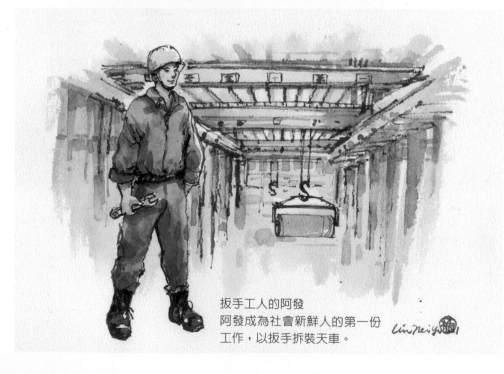

扳手工人的阿發
阿發成為社會新鮮人的第一份
工作，以扳手拆裝天車。

　　在廠長指示下，換上橘色工作服，外面繫著 S 腰帶，並且給他一個工具包，裡面有各式各樣的扳手、螺絲起子以及一個小鐵鎚，廠長說這些都是安裝天車必要的工具，大小不一的扳手，是固定及鬆開六角螺絲用，假使太緊就稍為用鐵鎚敲一下。爬上廠房屋頂時，將安全帶與 S 腰帶扣好，接著開始工作，從大樑與鞍座結合，拿起扳手，鎖著螺絲，就如同玩樂高堆疊積木般，將一個個的零組件結合，使勁的將螺絲鎖緊，這是阿發當社會新鮮人的扳手初體驗，從中獲得滿滿成就感。

　　時間輾轉過了一年，阿發對於天車有了基本認識，這個行業入門不高，只是高空作業較危險。為傳統製造行業中不可或缺的一種輔助生產設備，較常運用於搬運重物，是維修設備機台的好幫手；不過也有大型、大噸位諸如碼頭吊運貨櫃的天車，鋼鐵廠大型的專用天車，常在道路上看見捷運施工上的門型天車等等。對於這些大型天車設備，小公司是生產不出來的。

　　阿發原本想就在工廠待著，但老闆還是叫阿發回來公司做業務員，因為公司只有幾個人，所以業務員其實就是什麼都做的小弟，收送貨、丈量工地、拆裝天車，即使心中有千百萬分的無奈，還是得忍受著這種小弟的差遣。

一把扳手拆裝天車

　　1995 年，老闆決定將辦公室與工廠合併，廠辦合一，原因是位於蘆洲堤防邊的工廠是違法建築，政府勒令拆除，即然要遷移，工廠的二部天車得拆吊下來移到新工廠使用，阿發從爬梯爬到 12 米高的縱行樑上，有懼高症的他，兩腿發抖，配合底下的師傅，將繩子綁在桁架上，按照步驟弄了好久，終於卸到地板上，逐步用扳手把輪鞍與桁架拆分開，吊上車搬運到新工廠準備安裝，阿發隨著卡車來到位於五股的巷弄內，新工廠在一家染整工廠旁邊，染整牛皮味道非常難聞，而且廢水沒經處理直接排放到排水溝，老闆遷移到這裡無疑就是著眼便宜的租金，工廠大約 300 坪，大門口的右邊規劃二層，下層當倉庫，上層為辦公室，一層大約 50 坪，這樣的格局是當地大部分工廠的形式。

新地方新氣象，阿發對於「天車」有了基礎的瞭解，協助經理做業務報價，也開始接點小的工程，不過常因用料計算錯誤，往往沒利潤被老闆盯著很慘，直到阿發接觸到一家做整廠輸出的樺欣公司，介紹來一筆位於大陸廣州的工廠要買幾套天車設備，開始有了轉機。樺欣的莊總經理年約四十歲，是個型男，人非常客氣，在產業界很活躍，聽說也是剛創業沒幾年，但事業做得很順利，樺欣為精密機械製造廠，專精於塗布、乾燥和貼合製程技術，提供建廠統包整廠規劃，從生產、製造到安裝、試車等，並為客戶統合配套廠商群，其客戶皆為海內外知名大廠例如台塑、南亞等。

初生之犢不畏虎 第一筆大陸廣州業務

當「樺欣」找上「立達」，老闆猶豫不決，抱持著觀望態度，阿發見此練兵機會，當然不能錯過，「入寶山豈能空手而回」，主動爭取負責此一專案，藉此建立好於業界的關係，蓄勢待發。

「立達」老闆與「樺欣」莊總不熟，只有一面之緣，而且「立達」對於大陸的業務興致缺缺，主要是天車屬於危險設備必需報裝報檢，大陸要求製造廠要有資質證經檢驗過才能核發「使用合格證」，由於「立達」從未接過大陸業務，就把這個案件丟給阿發，也不看好此案。

菜鳥小業務初試啼聲

阿發騎著車拜訪著「樺欣」，莊總一開始並不願意把案件轉介出來，原因是所有的廠商來訪，不是總經理，起碼來個經理，而「立達」派來的卻是個菜鳥小業務，但阿發把握機會，表現出初生之犢不畏虎，無所畏懼態度，順利取得莊總的信任，並且告知本案為位於大陸廣州，是台塑集團協理王文洋所創業的第一個工廠，是生產 PU 合成皮的宏慶塑膠。

原來轟動新聞媒體有關台塑少東王文洋要自行創業宏仁集團是真的，而且正在進行中，由一批南亞的老部屬協助進行建廠事務，選址在廣州雲埔開發區，當地政府給了一塊專屬用地，並成立管委會專門服務。

在「樺欣」莊總的引薦下認識了專案負責人楊高專，阿發由於出社會歷練早，擅長人際關係的公關工作，一旦機遇來了豈能錯過，因此從報價製圖到合約簽訂的過程中，不讓老闆插手，該批設備總金額九百多萬，對「立達」來說是個大案子。

楊高專非常活躍也很會喬事情，阿發每回到台塑大樓談工程時也會作陪，介紹不少南亞四部的主管，方便工程對接，而日後阿發出差到大陸也與宏仁電子總經理廖達禮、宏慶塑膠總經理陳煙宗等台籍幹部，以及產業界大廠「振佑機電」、「大震鍋爐」等公司都結下了深厚關係，因為大家都是到大陸發展，所以彼此都有著革命情感，對於阿發來講是一項新挑戰，也牢牢的抓住了這個機遇。

第一次出差就到廣州

阿發從來沒有出過國，第一次坐飛機就是要到大陸去，心裡有點害怕，傳聞共產國家會隨便抓人，大陸不能亂講話…等等沒有人權的傳言，但阿發認為只要守法，何來被抓？何況做生意是繁榮經濟，為地方做貢獻，應該歡迎都來不及吧！

那個時候台北與廣州沒有直航，得由香港進入，香港的啓德機場位於九龍，下機後先提行李過羅湖口岸，羅湖口岸位於廣東省深圳市羅湖區，是大陸和香港客流量最大的陸路邊境口岸，過羅湖口岸後乘廣九鐵路到達廣州市區，那時的廣州城也不大，商業區集中在天河區白雲區，從廣州市區到經濟開發區及雲埔工業區約有一個小時的車程，阿發頭一次來到這個陌生城市，就像是劉姥姥進大觀園，一切都是新鮮的。

那時的廣深（廣州到深圳）高速公路還在興建，沿途都是坑坑洞洞的水泥路，一遇下雨就淹水，顛簸難行，車子走起來躁音很大車速也開不快，坐起來相當不安穩；當地的出租車不好叫，多是私營沒執照的黑車載客，漫天叫價專砍外地人，所以大多找熟識的司機，不會繞路收費也合理，短短的30公里路一遇事故，二個小時才到達常有的事，直到 1997 年高速公路通車才改善，而據說廣深高速有一個交流道為蘿崗立交，剛好在宏仁集團的大門口，不能說是湊巧，只能說是給足宏仁的便利。

　　雲埔開發區爲專屬的工業區，把山炸開夷爲平地，這樣的地質不用打樁，壓樁即可建造廠房，節省不少建築成本，王文洋會選中這個區塊，主因爲廣州南亞石井廠較近，資訊取得容易；而另一因素應該與大股東于日江有關，于家三兄弟早年任職於台塑集團，常和下游廠商打交道，並且知悉原料經二次、三次的加工可爲品牌代工；于日江勤奮向上，與王永慶二房家族，成爲關係匪淺的好朋友，因此創立「誠達」，落腳廣州，發展出以皮包、鞋業爲主的誠達集團，同時成爲是台塑重要下游廠商。

　　于日江還將南亞集團、宏仁集團、大眾電腦等大型台資項目引進廣州，受到當時的市長陳開枝的肯定，他是唯一在台灣沒碰過鞋廠，在大陸以鞋廠起家的台商，之後 1997 年，于日江與王文洋合作成立好又多量販，以廣州爲基地，成爲橫跨製造與商業的台商知名人士，由於爲人熱心，與政府關係良好，一直擔任全國台企聯常務副會長。

阿發與企業家的第一次接觸

　　宏仁集團在廣州的投資項目，受到市政府的高度重視，提供諸多優惠政策，審批也是特事特辦，廠房投產後一定會帶動區域的經濟發展。這是董事長王文洋創業之作，有著只許成功不許失敗的壓力，建廠進度關係著投產，台籍幹部戰戰兢兢，每日工程會報鞭策協力廠商，董事長緊盯進度。

　　阿發在一次的出差中，正巧碰到董事長王文洋到廣州視察進度，他爲感謝協力廠商的辛勞宴請大家，第一次見到新聞媒體上的知名人物，簡直無法置信且頗爲緊張，席間除了敬酒也搭不上話，阿發偷偷觀察王文洋，他爲人很客氣也相當大方，對待我們這些協力廠特別交代幹部儘可能提供方便，例如住宿可以用宏仁的折扣，公務車如果順道亦可順搭，大老闆和我們沒有距離，餐後也是一同前往唱歌同歡，與王文洋的第一次接觸激發阿發奮發向上立志上進的決心，希望有朝一日能出人頭地。

　　據說宏仁集團的命名有點意思，宏仁的「仁」乃因王文洋的兒子王泉仁意味著將來傳承，宏慶塑膠的「慶」取父親的名字一字，而宏仁集團的英文 Grace，是他女兒英文名；除了宏仁電子、宏慶塑膠之後成立的六家公司，每家建立的工廠就以該廠總經理的名字爲名。

結束廣州的奇幻之旅

雲埔開發區與廣州經濟技術開發區有段距離，但因為在這新的工業區周邊沒有餐廳也沒有住的地方，也得就近到開發區那裡才有賓館，廣州經濟技術開發區為第一批國家級開發區，分為西區、東區及永和區，西區較早成立，所以有生活區以青年街為商業街，吃的住的都在這一片，東園賓館為開發區成立的住宿酒店，大多數的台灣人都住在這，房費約人民幣二百元，只有廣州金融大廈的一半價，如果長期居住還有折扣。

當時宏仁集團的籌備幹部都住在廣州市區的「金融大廈」，這是一所四星級酒店，結合了辦公樓、酒店為一體的綜合大樓，裡面有餐廳及夜總會等設施，離市政府也很近，辦事特別方便，在宏慶建廠時期許多的協力廠商都是集中在這酒店，方便討論籌建事務，阿發與公司派來的監工師傅胡恆南則在東園賓館住了個把月。

為了報裝報檢之事，通過了廠商介紹，找到在廣州佛山的南洋電梯廠，老闆大約 60 歲，對於遠到台灣的客商熱誠的接待並誠摯的表示合作意願，只不過他們是電梯業務，沒有製造天車這個項目，不過可以介紹廣州起重機械廠配合，輾轉找到了廣東省最大的起重機行業龍頭–廣州起重，這下把所有的問題都解決了。好不容易終於將台灣進口到宏慶工廠的天車安裝完成，阿發也結束了一個月在廣州的奇幻之旅，回到台北繼續上班。

自尊受創 告別東家

1995 年的冬季特別寒冷，時常下雨，由於快過年，對於小公司就是要資金回收，記得那天老闆叫阿發到桃園龜山收筆貨款，公司又沒有小貨車可以借用，光騎車來回就得三個小時，在大雨中忍著寒風，阿發把一筆幾萬元的貨款給收了回來，並交給了會計。身體還沒乾，老闆又叫他把魚缸洗一洗換個水，以為做完這工作後可以稍作休息，喝口茶；誰知茶杯尚未拿起，老闆竟叫他去把盆栽的葉子，一片一片的擦乾淨，阿發當下自尊心嚴重受創，不由自主的眼淚在眼眶中打轉，也許是老闆要他辭職不好意思開口，既然如此，不如眼淚擦一擦，退一步海闊天空，相信千里馬總有一天會遇到伯樂，那年的二月，農曆年前阿發毅然辭職了。

▌處世座右銘
當所有事情都不如意時，
別忘記飛機都是「逆風起飛」
而不是「順風」

~亨利福特

CHAPTER 06

創業之路 摸著石頭過河

完成大陸廣州工程後，老闆對於阿發不但沒有器重，還是像以往一樣，當作小弟使喚著，由於老闆的眼光短視，阿發看到了大陸的機遇，告別東家後，拿著二十五萬，到大陸追逐夢想，人生有夢而偉大。

艱辛創業路

衝著年輕的一股熱血創業，前進夢想的第一步，廣州案件的成功，證明自己是可行的，就像年輕時號召幾百人上舞廳，那種組織力和膽識在體內再度蘊育而生。但創業談何容易，千頭萬緒，由於阿發高中就輟學，第一次創業，什麼都不懂，如何寫公司章程、股東協議書、營業計劃書等，都是問題，就連最基本的電腦操作也不熟悉，籌備事務很多，萬事起頭難，光紙上談兵，不如起而行。

籌設公司，從集資變獨資

首先阿發找上當兵時的同梯好友王阿堯幫忙，王阿堯在同一年創業，開的是裝潢公司，辦公室設在台北市龍江路上，借用王的地址，請會計師著手辦理營業登記證，1996 年八月所有手續都齊全，就待股東資金到位；由於工作中同事間的感情還算融洽，總會說點老闆的不是，有時說到激動時還會同仇敵愾，常聽江經理說，他不想做了，錢少不如自己做，那時阿發離職時，經理說「不如你先把公司開起來，我隨後就到」，江經理找了兩個外包商來合夥，一位是電梯貨梯的承包商陳阿國，一位是配電的師傅呂阿海，每人拿台幣二十五萬，阿發拿著媽媽好不容易湊來的二十五萬，集資一百萬開設「中佑機械公司」法人代表江經理。

找到一處離老東家不遠的地方，五股工業區旁疏洪道堤坊邊的民宅二樓，所有的辦公設備到汀州路的二手市場挑選，以最少的經費，將辦公室組了起來，不過原先說好一起創業的同事，股金不是沒到位就是不出資，卡著位子只出意見不出資，經過半年索性就把他們出的部分資金退還，由阿發一人獨資。

創業基地
剛設立的公司位於五股工業區堤防邊的民宅二樓

摸著石頭過河，尋找任何機會

　　新公司的創立，不僅會受到同業打壓，尤其是老東家也會想盡辦法不能讓你做起來，畢竟資源是重疊的；協力廠商當真正要供貨時，會考慮很多，首先對原有的客戶無法交代，當有較大金額與老東家競爭時，會先讓利給老東家，在報價上提高，這是現實面，商場上沒有永遠的敵人，做生意會考慮之前及往後的長期利益；在客戶端，注重品質外還有服務，新公司為什麼比較不容易打入供應鍵，客戶的不放心，往往難成交，這些的種種現實問題，就是一般創業者的巨大挑戰。

　　創業就是從無到有，大環境前景看好，但並不代表公司一開張業務就會自動進來，公司創立之初資源有限資本也不厚實，是經不起消耗的，必須千方百計的找頭緒。套句鄧小平的名言：「摸著石頭過河」，尋找任何機會，掌握任何機會，不斷創造價值，還要鍥而不捨。創業基本三要素：

資金、技術、人脈，這三項對阿發而言，完全欠缺，「中佑機械」得從「三無企業」開始幹起，阿發憑著憨膽，即然選擇出來了，抱著只許成功不許失敗的念頭。

虛擬公司規模，強大兵團後盾

大公司採購的標準是很嚴謹的，不但對廠商評估，還得要求提供認證，對阿發來說是一大艱困的考驗，由一人提一卡皮包的公司，如何獲得大公司的信任，首先得武裝自己在沒有任何資源下，得想像後面有一強大的兵團，想像公司內部有管理部、業務部、會計部等部門，那時實在沒辦法得虛張聲勢，為了生意當有人問公司多少人，常把一人講成十人，在資訊不發達，只要公司有人接電話，很少會去實地踏察。

真正有生意是從 1997 年開始，聘雇第一位員工—梁仲君，高職剛畢業的女助理，其工作就是接電話，做點行政打掃的工作，一天八小時，事務實在太少了往往都是閒在那裡，女助理因工作也蠻無聊的，多次想要辭職，也因為是在民宅辦公，感覺到這公司沒有什麼發展潛力，阿發也沒有人脈，找不到朋友可以共同創業，每天讀著報紙，看看哪家公司有建新廠，只要是有相關的產業建廠資訊，立即查閱工商名錄，阿發都會詢問有無用到天車設備，陌生開發常常碰壁，有些報導發佈的新聞，往往都是已經在興建中，採購早已完成，幾乎沒有案件可圖，但在不斷的訪談中，發現客戶都會問起做過那些實績，最好是上市櫃公司的指定廠商。

萬事起頭難，業務終於突破

同梯的王阿堯在裝潢中國時報余董事長的家裡，恰巧要裝設一台景觀電梯，方便上下樓，而此轉介阿發承包，為了這個電梯工程，找來協力廠商配合，因為是第一台電梯，阿發很用心監工，也得到業主滿意的肯定，雖然沒有賺錢但與採購的郭湧泰組長建立了良好關係。中國時報當時在台北的內湖要設立新廠，印刷機台的四周要設置高架平台，方便人員維修用，郭組長拜託阿發介紹廠商要做高架平台以及搬運的電動台車。

郭組長說「他們的印刷機是德國最先進的設備，油墨很省，全自動雙面印刷，機台有二層高，人員不好上下，需要設計雙層平台」，阿發說起

「可以直接找鐵工廠來做，就可以了，像我們的天車步道，和平台是差不多的」，最後阿發向郭組長要了這個工程來做，另外因為印刷的進口紙卷蠻大的，約有直徑 1.5 米，需要搬運台車 50 台，德國原裝進口的很貴，郭組長說可不可以拿一台回去仿造，阿發連絡了正尉代工廠老闆陳正憲過來看，並且找銘東工業黃銘得一起研究，最後如期仿造交貨，連同碼頭昇降平台、卸貨天車一起統包。

　　碼頭的昇降平台，用於貨車停靠時，調節車台與碼頭高低而設，貨車大小不一，而昇降平台以油壓缸的上升下降與車台齊平方便堆高機搬運貨品，構造很簡單，工程量不大只是調節測試比較麻煩；卸貨天車的功能，在於吊貨品，天車的縱行軌懸吊在建築物樑上，以機具鑽孔將螺栓穿於 RC 樑，再用無伸縮水泥填補，螺栓就不易移位，再裝上大車組，以鏈條主機為之設計，鏈條主機鉤頭較小，容易翻轉方便吊貨，有了昇降平台及卸貨天車，碼頭的障礙即能克服上下貨，提高了工作效率。

中國時報內湖廠碼頭油壓平台以及卸貨用天車

　　阿發很幸運的有此機遇，這些統包工程的利潤讓公司開始有營運的資金，接著也承接升降機業務，第一台升降貨梯裝設在淡水餅舖，由於餅舖的樓房位於淡水最具歷史滬尾街上的老透天厝，二樓為製餅工廠，一樓為門市，地下一層為展覽館，運送商品極為不方便，老闆因此在內部裝設一到三樓的簡易貨梯，這台貨梯的設計，相當簡單，井道為鐵皮建造，最頂層為捲揚機，車廂為烤漆鋼板製成，內外門為伸縮拉門完全以人工拉動，當伸縮門完全密閉時才能啓動，叫車完全得由外門面板按鈕控制，不可以載人，而為什麼只能做簡易貨梯，原因是空間有限，如果要做標準的電梯，法規有很多規定，包括很多的安全裝置都需要足夠的空間，但這個貨梯基本上解決了餅舖的需求。

創造被需要的價值 業務突破

　　透過人脈掌握關鍵資源，和業界先進聯合陣線，不畏艱難，這是創業者的巨大挑戰；應用八大行業學得的工夫發揮專長，以柔軟的身段、放低姿態，打通關節，突破業務之門，但前提是專業與拼勁，才能得到客戶的信任與訂單。

打帶跑戰略 一卡皮箱公司拼出生機

　　阿發剛開始開發業務採取打帶跑戰略，邊戰邊看，當時大陸沿海省份有些客戶，一趟旅程，得跑好幾個地方，利用微薄的旅費，住進便宜的旅館。有次出差先飛廣州，第二天到福州，下了飛機得趕緊買隔天到浙江杭州的飛機票，第三天杭州，第四天上海，第五天由上海經香港回台北，五天坐六架飛機，拜訪了四家客戶，白天丈量工地，作業務報告，而台商客戶秉著同是台灣人無論生意是否能接成，大老遠來一趟也會招待吃吃飯唱唱歌，略盡地主之誼。

　　那時阿發隨身攜帶電腦、列表機、一疊A4白紙，將當天拜訪客戶所需要的天車設備相關尺寸、需求及功能，在晚上回到旅館無論喝了多少酒，還是得作業，先算強度才知選用何種鋼材，連夜繪製設計圖、打報價單，列印裝訂成冊，隔日離開當地前立即到廠交付與客戶，這麼快速效率的作法，其實是為了節省時間，減少旅費的支出，這樣的拼勁不僅感動了許多客戶，也獲取不少訂單。

夜晚趕工的阿發,創業初期,一卡皮箱就是行動辦公室,內裝筆電和印表機,隨時機動作業

　　當時的電腦很難用,記得那時候電腦是 286,電腦繪圖是在 Dos 作業中操作,每一動作都要輸入指令的,例如要畫 5 公分線得打上 Line5,現在回想起來真不敢相信當初那幾百個機械零件圖,阿發是如何一個個的建立起來!也因為這樣的基本工外,還有對大陸起重機安全法規深入鑽研到通徹,讓阿發在專業方面可以得到客戶的信任。

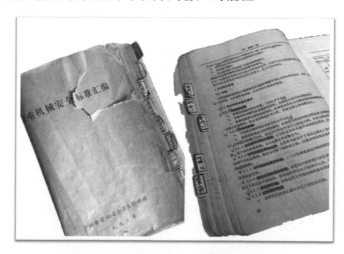

這本1996年大陸起重機安全法規標準彙編,每次設計繪圖參考還有和客戶講解,都翻爛了

創業之初勤快服務 不二法門

廣結善緣，樂於助人，與業界先進聯合陣線，勤快服務，台商在大陸自然而然的形成同溫層，加上當時資訊不發達，當地建築開發商，以為阿發是間有實力的公司，也介紹不少案件。

1990 年，政府的一紙管理辦法，默許登陸投資，開啟了台商登陸淘金的風潮。不少大型台商都曾經領教過那時前往考察所受到的尊榮禮遇。加上低廉的土地、物價、工資，未來市場的潛力，各種有形、無形的利多，一點一點匯集起資金西進的洪流。大陸經濟又是剛剛在發展，台商西進利用廉價的勞工，台灣又是外銷為導向，許多大型企業前進一波，帶動了下游產業，宏仁集團剛建廠，必須要建立能配合協力廠商，由大廠來組織，樺欣機械成了媒介。

在廣州的代辦天車檢驗業務，利用關鍵的資源，天車需要當地廣州、東莞公部門檢驗合格才能使用，阿發在先前一年已經和這些單位打過交道，簡單的說，他們認定阿發是台灣合格的天車廠，而且阿發善於交際，把在從事八大行業學到的那一套，將官員服侍擺平。利用微薄的旅費，住進便宜的旅館，與這些業界先進聯合陣線，勤快服務，台商在大陸形成的同溫層，互助合作，也介紹不少案件。

創業之路，貴人相助

在前總統李登輝的戒急用忍政策下，有不少台商除了西進，有的選擇到東南亞設廠，主要集中在印尼、越南、泰國這幾個國家，台塑南亞是台灣的指標性企業，台塑的創辦人王永慶先生，投資頗有眼光，生產基地遍佈全球，台塑的企業文化可以從名片的設計，瞭解到這麼大的企業，竟然沒有號稱是集團公司，在名片上面只有看到台塑關係企業。

台塑南亞很少和外面的企業合資公司大部分是獨資，不過印尼南亞是個例外，印南公司由當地的僑商謝先生與王董事長各出 50% 的資金合資成立的，工廠設在印尼的三寶瓏，阿發因為做了不少台塑南亞以及宏仁集團的工程，所以在貴人的提攜下，承包了印南公司的整廠天車及升降機，創業之路，若沒有貴人相助，白手起家談何容易。

CHAPTER 07

創業之路的貴人
如虎添翼

　　貴人不會從天而降，需要自己的創造和爭取，創造「被需要」的價值，才能引來貴人的相助。「機會是給準備好的人」，那要準備什麼，充實自己，練好基本功，當自我價值受到肯定，產生了「被需要」感，並且掌握了關鍵資源，就可以成為關鍵夥伴。

神內會社特頒第一名感謝狀

　　中佑公司從 1996 年創立到 2005 年之間，訂單從幾萬元到幾億元；從傳統的天車升降機工程，做到無塵室專用天車，成為台灣業界的奇蹟，並且被選任為中華起重機具升降協會理事至今已經連任四屆。2005 年日本神內會社神內權三郎社長特別來台灣，頒發銷售第一名獎狀，並且給予獎勵金（圖），這個金一封信封阿發珍惜保存至今，是阿發人生自我價值最大肯定，也令同業刮目相看。

左：日本神內會社神內權三郎社長特別來台灣頒發銷售第一名感謝狀及獎勵金
右：金一封信封，阿發珍惜保存至今

成就事業的三大貴人

俗話說：《孤掌難鳴、獨木不成橋》，事業的機遇，創業之路除了勇氣，還要有前瞻的眼光，掌握關鍵資源，抓住機遇，講信用，重承諾，必勝不二法門。

在事業發展每個階段都需要有不同的貴人提攜，阿發非常幸運在創業之路遇到幾個相挺的貴人，其恩情永誌難忘。其中最要感謝的是戰威鋼構的陳盛唐董事長，他是阿發創業開疆闢土最大的靠山和雄厚支撐的力量；振佑機電的吳桑，他是在大陸拓展業務的最佳貴人和夥伴，我們共同合作征戰的足跡遍及廣州，東莞、深圳、惠州、中山等地；另一個貴人是天車業界前輩陳總，他在公司專業技術上扮演關鍵樞紐，引進日商神內的合作，開創了「無塵室起重機」在台灣獨佔市場，運籌帷幄中掌握了幾年光景。

小台商參與工程
阿發當年是個小台商，藉由事業貴人提攜，參與了許多工程

任何事業的成功，不外乎有貴人提攜，貴人大致要有這基本三種型態，一為策略型貴人、二為發展型貴人、三為技術型貴人。

一、策略型貴人

指的就是那些可以給你寶貴意見的人，有些公司引進策略性投資人成為股東，對於業務的開展相對有幫助，在做生意中，如果有上市公司的投資，或是投顧公司的入資，不僅強化公司治理，而且對於訂單的取得，相對容易。

二、發展型貴人

在業務上可以幫助接洽，公共關係的建立，取決於信賴，很多的企業參加協會商會，擔任要職，無疑協會幫助發展，所以會長之類的職務，更是可以建立各方關係，還有往往業界的大老的一句話，比上自說來得更有利，又如日本公司喜歡長期配合的協力廠，形成供應鏈，如在介紹廠商時，會寫推薦信，這信有點保證之意味。

三、技術型貴人

在草創初期，有些入門技術可以克服，但較為複雜的，長期依靠外部不是辦法，高端的技術是公司的命脈，初創期沒有資金，然在成長期適時引進高端人才，才能健全，許多天車工程公司發展到一定程度，沒有研發部門業務無法突破的主要原因。

策略型貴人 戰威鋼構陳董

戰威鋼構位於台灣桃園中壢市，佔地四公頃，專做鋼骨大樓以及鋼構橋樑，董事長陳盛唐，在國民黨執政時期統包過不少交通工程案件，最著名的是哥斯大黎加的友好大橋。

陳董事長不只有鋼構事業還有建築公司，在桃園地區開發不少建案，聽鋼構界的友人說起陳盛唐有百億身價，剛開始阿發並不知道陳董背景，因為廣州客商需要鋼構建廠，經過友人介紹才結識陳董事長。當時阿發辦公室還在五股工業區堤防邊的民宅二樓，陳董事長西裝筆挺梳著油頭，親自開著

凱迪拉克轎車來拜訪，說話誠懇有力，臨走時說不能憑藉一面之緣就相信廠商，特別邀請阿發到中壢工廠參觀。

阿發所接觸的工廠都是規模較小的加工廠，老闆大都屬於比較平實，阿發想起陳董事長的話，一時興起就跑到中壢去拜訪戰威鋼構，經由門口警衛通知進入了董事長室，陳董事長熱情介紹公司的發展近況，並且帶著阿發參觀他正在施作的鋼構橋樑，然後對著阿發說「我這樣的規模合不合格做你的鋼構廠⋯」，這一句話徹底讓阿發對陳董事長心服口服。

有一次阿發陪同陳董考察廣州市場，偕同拜訪阿發所認識的廣州客戶，在一次餐會上阿發說「宏慶的陳總經理最近身體不好不能喝酒⋯」，餐會結束，陳董事長特別提點阿發不能這樣子說，會讓外界以為陳總經理生了什麼病，這種事應該是由對方提出，不能代替對方而說出，陳董事長對阿發的關懷有如自己的孩子，每每要說出一個道理，他總是會說他也曾經犯過同樣的錯誤，言談之間盡顯長者風範。相處過程中學到不少業務技巧，陳董事長無疑是阿發在開創事業中的策略貴人，為剛創業的中佑機械提供無可言喻的雄厚後盾背景。

幾年後陳董事長因投資失利，公司破產，財務重整，因此惠州這個案子就轉介來給阿發承接，阿發懂得飲水思源，帶上了陳董事長的兒子陳宇駿一起合作這個開發案，陳宇駿一家五口為逃避黑道到惠州來投靠阿發，安頓好他們一家之後，並在惠州租了一個辦公室，從台灣找了一位國科會的專家陳鴻春，一起來做這個案子。

發展型貴人 振佑機電吳桑

振佑機電的吳桑，協助阿發拿到宏仁集團天車工程的訂單，吳桑早年任職台塑南亞，所以與宏仁的職員大都是老同事，而且對於建廠方面非常有經驗，提供給宏仁許多寶貴的意見，也因此宏仁對振佑極為依賴。

阿發從事的天車設備，在建廠項目中屬於附屬工程，業主一般會放在機電工程或者是整廠輸出中，這些大廠會提供材料，再發包安裝，承包的協力廠商中與天車最有關係的應該算是機電系統，在宏仁集團建廠時，配合振佑機電的配電時程，阿發與吳桑相處日久建立起緊密關係。

　　吳桑身材高大，笑容可掬，爲人厚道，大阿發 20 歲，同爲宏仁建廠案來到大陸，吳桑相當欣賞阿發的聰明才智，處事的技巧，時常引見部門高管，在廣州需要交際時，吳桑不吝嗇地帶上阿發，在餐桌上的細心服務，席間幽默風趣，逗得賓客開心，給足吳桑相當面子，由於互動良好，阿發也樂於做馬前卒，只要大老闆有些事，阿發都願意自動去喬定。

　　阿發與吳桑同住在廣州利豐大廈，時常串門子，一天喝了酒後，吳桑搭著阿發的肩，看著窗外，正在興建的大眾電腦工業區，吳桑跟阿發說他的雄心壯志，有一天一定能夠在大陸立足，他邀阿發一起奮鬥，將阿發當成弟弟一般的看待，阿發也相當敬重吳桑。

　　因爲與吳桑投緣，進而於 1999 年在廣州經濟開發區合資成立「佑欣工程公司」，有了這層關係企業，對於阿發在大陸的事業發展有著莫大助益，承接的工程遍及廣東省的廣州，東莞、深圳、惠州、中山、杭州、上海、昆山，還有越南及印尼，吳桑幫阿發打下了基礎，往後才有資本，發展到做無塵室起重機，吳桑是阿發的業務發展大貴人。

技術型貴人 天車界前輩陳總

　　阿發原本從事傳統起重機業務，在大陸持續發展，設立了吳江工廠，不再是一卡皮箱公司，爲了將公司治理再提升，看見市場機遇，籠絡人才，阿發由於本身的技能專業不足，必須要不恥下問向同業去請教，並且高薪網羅人才，在三易公司的推薦下，三顧茅廬拜訪天車界前輩陳阿生，以誠相待，提供優渥的待遇，他考慮了三個月後才來中佑公司擔任總經理，並且引進日商神內會社合作，開創了無塵室起重機這個獨門生意，陳總也就成爲技術上的貴人。

　　陳總原本是一家老牌仙力公司的總經理，但因爲仙力財務出了問題，公司倒閉導致失業，由於陳總是技術人員出身具有三十多年經驗，會機電維修又會設計報價，有了陳總的加入，公司制度更加齊全，阿發也可以放心的衝刺大陸事業。阿發對陳總充分授權且相當敬重，相處之時沒有紅過臉，而陳總具有日本人的工匠精神，對上級領導相對服從，亦不會倚老賣老，兩人惺惺相惜。

　　同事兩年後，陳總將之前合作的日商神內會社，在台灣接的工作，轉來中佑合作，並且日後台灣光電廠「無塵室起重機」的設備訂單，也都轉由中佑總包，這五年機遇，阿發牢牢的抓住，對於協力廠商也重於承諾，即使價格高點，也照單全收，有當初他們的支持，才能一步步順遂，另外對於日商神內會社，阿發非常守信用，財務上優先幫忙，所以才能穩住無塵室起重機這項業務。

　　陳總原本日語就不錯，但是為了與日本人書信往來，特別利用下班時間再去進修文法，陳總對日本人的習性相當了解，也喜歡小酌兩杯，不過因為有高血壓，常常半瓶白酒後就醉了，陳總平時也喜歡唱唱歌，與他的外表不太一樣，也是因為如此，阿發投其所好，任職期間對公司完全的盡心盡責。

　　陳總對於天車的專精，小到一個螺栓的強度他都不放過，對於故障的排除能夠精準的掌握，在天車業界很少有技術幕僚成為業務大將，工程在他的掌握中，都能提前完工，取得客戶的高度滿意；阿發與陳總，恰巧優點互補，阿發善於公關交際，陳總為技術後盾，不過，日本人認為阿發的決策力、戰鬥力略勝一籌。

日本工匠精神 對事業的最大啟發與幫助

　　與日本人合作的第一步，就是誠信；再來就是對工作認真的態度；以及絕對的服從上級的領導。阿發從日商的工匠精神上，學到了工作排程、程序確認、堅持品管，所以在每一件無塵室起重機的工程，都能如期交貨，對於處理事務，連小細節都不得馬虎。

　　日商會按工廠接單情況依序排程，確保品質，他們不會超接案件，所以當有新案諮詢時，一定會確認用戶使用時間，採取計劃性接單，做不到的交期，會明確告知。

　　在訂約後，會將現場的尺寸，仔細的確認，由規劃工程師進行強度計算，結構件設計，給業主做確認，在技術圖紙備料前再次確認，並且不以電話為確認基礎，採以 Email 往返文件做書面確認，小到要更換一個小螺絲，也得走這樣的程序。現場安裝的要求，也很嚴格，遇到障礙，一定停下來檢

討，倘更改設計時，那事情就大了，他們會釐清責任歸屬，如是業主問題，會要求展期，並且確認金額。

日本人的工匠精神，啓發阿發對日後承接工程更爲審愼嚴謹，也幫助公司事業經營規模與格局雙雙提升。

起重機業界首家 ISO 9001 認證

中佑機械進入穩定階段後，導入 ISO9001 管理，是台灣天車業界第一家取得認證，設立了管理中心，來管控各地分公司及辦事處。由香港公司接單，台灣公司負責技術及售後服務，大陸公司負責製造結構件回運台灣，再由日商派員到現場安裝。

阿發制訂一套「通報系統」分層負責，我們讓用戶找得到各層級人員，舉例來說，這個通報卡上載明該案負責人、部門經理、總經理、董事長、日本神內的連絡電話及個人手機號碼，這個系統深受客戶肯定。逐層可以向上反應，因此也約束案件承辦人員，必須落實及時解決問題；工程業，一般管理上的問題來自用戶的抱怨，從製造品管到安裝試車，最後的售後服務，以個案進行 ISO 有效管控。

有別於生產性企業，充分授權，讓團隊緊密合作，以 ISO、通報系統、專人稽核此三項進行有效的管理制度。

隨著公司的壯大，分支機構越來越多，管理上出現了紊亂，問題總是無法在有效的時間內解決，那時台灣一些大企業都在導入 ISO 9001 認證，部分的企業也會要求供應商必須要有 ISO 認證，有鑒於此，但在天車業界尚無任何同業導入此系統，規範無從參考，但阿發相信早做晚做都得要做，沒有可參考就自己撰寫，在台灣慕迪顧問公司輔導的那半年裡，阿發親力親爲，終於在 2000 年取得台灣起重機業界首家 ISO 9001 認證。

ISO 是品保，就是品質管裡有沒有確實，品保換成大陸的說法就是質量管理，大概分成三個部分，首先建立程序書，把所有工程會發生的所有步驟細節，作爲一個程序說明，在問題的產生找到節點，該節點找到分層負責的人員，第二個部分就是要制定程序書中所依據的標準，稱之爲規範書。

　　如有政府頒布的法規列爲參考，還有自身產品的內部規範，第三個部分將所有工程會發生的事項變成表單，通過表單的管理，成爲日後可追蹤之依據，例如報價單、出貨單、問題反饋單等等。有些客戶的幹部根本不知道ISO是什麼，但他們唯一的認知就是「只要經過了歐美國家認證許可，品質就是最好的」。

　　通過ISO是爲了產品更加有競爭力，在中國大陸做生意，遲早得面對的是本土品牌的市場競爭，當年大陸在起重業界，最大的有北「上起」（上海起重運輸機械廠）南「廣起」（廣州起重機械廠），上起在1998年取得ISO認證，主要業務承做大型的起重機例如礦山、電廠、碼頭天車，但由於私人承包風氣盛行，也有不少廠內人員對外承接廠房用的天車，外資台資廠的利潤較好，就成爲台灣天車廠的競爭對手。

中佑機械2000年取得台灣起重機業界首家ISO 9001認證

　　廣起在南方本來就與阿發有合作關係，業務上比較不會有衝突，最怕的是，新崛起的民營起重機械廠，尤其是河南新鄉的廠商，以最便宜的價格佔優勢，他們生產的天車採用土法煉鋼的方式生產，以農民工在田地裡的空地生產衍架大樑，鋼板沒有經過除鏽處理，框架排列也不整齊，大樑裡面爲了增加重量也放些沙子泥土充當，這種偷工減料的方式所生產來的設備相當危險，但是由於封口焊接起來，業主根本看不見裡面的架構。

　　河南新鄉所採取的做法，以價格不到市價的一半，爭取市場的佔有率，也出了不少工安事件，曾經有一度被列爲質量監督局所要稽查的對象，但說也奇怪，河南新鄉現在是中國大陸最大的起重機生產基地，也有不少馳名品牌的國家級認證。這個模式很像當初溫州人做生意的方式，一開始做白牌，然後成立自己的品牌，也就是「說先求有再求好、先做大再做精」。這個也是中國大陸獨有的商業模式。

ISO 管理制度 專人稽核

公司實施 ISO 管理制度，專人稽核爲美菊副總負責，她做事嚴謹嫉惡如仇，稽核工作做得很徹底，不只查下屬也查上司，然後將結果向上彙報，這對公司管理非常好，但稽核的過程常會引起員工不快，稽核呈現的結果也會讓人目睹人性弱點的那一面，一件是廣州辦事處課長收回扣；另一件是台灣總經理廠商借貸款項不清，如何處理不僅考驗自己處理事情的智慧，也需顧全在情理法方面的拿捏。

美菊副總管理財務很仔細，她會將個案分類，並且將工程成本做分析，歸納發票，調節人員配置，不定時的抽查工務人員的工作日誌，對於各分處，要求下屬單位比照她的方式，按周呈報，倘若發現缺失，毫不留情的嚴處，治軍嚴謹，相當幹練。

無論是吳江工廠的帳，廣州辦事處的開銷，或是工地的差旅費用，都不放過，有一次美菊副總稽核到廣州辦事處課長陳世界，向客戶收取回扣，這可是大事情，她馬上要求立即開除陳課長，阿發知道情況後，對美菊副總分析利弊得失，說到「美菊姐，如果你把陳世界開除了，誰來維繫與客戶的關係，而且就算派新人過去，難道不會成爲第二個陳世界嗎！依我看請經理暗示他，這個行爲已經觸犯了公司規章，念及他是老員工，就再給他一次改過向善的機會」，在阿發好言相勸下，穩住了廣州的業務，也留住了人才。

阿發心裡想畢竟鞭長莫及，只要有幫公司創造業績，有些小問題就算了，何況收回扣的現象永遠不會消失。

阿發是從業務員出身，也相當知道做生意收取回扣的一些手段，有些採購人員你不給他一點好處，他也不會幫忙你，這個現象在台灣也經常會發生，正所謂的紅包文化，大陸經濟起飛的年代，各個職工在各自的崗位上，都會撈點錢，大陸有句話叫做「好處費」，上學、找工作、看醫生，不也是要給點好處費。

　　美菊副總定期向阿發做工作彙報，一天，她說「董事長，我覺得陳總的帳有問題，他開出去的票，我已經向銀行的經理打電話，將這兩年的支票兌現影印本交來給我…」，阿發聽了臉色一陣鐵青，在美菊副總離開後，馬上給銀行經理打電話告知「影印本直接交給我就行了，不用再經過美菊副總，也不要交給任何的行政人員」，當銀行經理親自交來支票影印本，阿發一看傻眼了，厚厚的一疊總計有 2300 多萬，分別入到了十多個人頭帳戶，阿發非常震驚，無法置信陳總怎麼會做這種事，這麼相信他，怎麼會這樣！

　　沈默了五分鐘，阿發打開抽屜將這一疊支票影本放了進去，一周過後，美菊副總跑了進來，詢問「銀行說影印本已經交給您了，陳總的帳是不是有問題…」，阿發回答說「沒有呀，怎麼會有問題」，美菊副總不死心，反覆問了好幾次，一再強調她掌握到廠商那邊的訊息，請阿發交出來，她來仔細核對，但阿發始終表示陳總盡心盡力認真負責，他的帳完全沒問題。

　　阿發為何要如此瞞騙，因為當時公司在外的工程還有好幾億，如果一旦動了陳總，這些工程誰來收尾，客戶只有他認識，所有的採購發包他最清楚，他若離開，將是一個無法收拾的大麻煩，阿發沈住氣，這些帳放了兩年，每天看到陳總，對他一如往常，陳總來到大陸照樣陪他吃陪他喝，但是在阿發的心裡可是有千百般的痛，這件事連所有在公司上班的親屬都隱瞞著，直到所有工程都完工後，才正式與陳總攤牌。

　　二年後的一天，阿發請陳總進辦公室，打開抽屜將這一疊支票影印本拿了出來，「陳總，請問這個怎麼解釋！」，當下陳總傻眼了，支支吾吾說這是與廠商的借貸款，之後也就黯然的離開，阿發也不再追究，畢竟同事一場沒有功勞也有苦勞，何況這幾年也替公司創造不少業績，沒有他也沒有今天的規模，人心總是會有貪念，得饒人處且饒人，給人一條路走將來自己的路會更寬廣。

▌ 處世座右銘

創造個人價值，

貴人不會主動來幫你

人際間的察言觀色和柔軟的身段，

是奮發向上，創業的本錢。

CHAPTER 08

台商西進 機遇與轉型

吳江中佑機械有限公司

　　1996 年西進大陸，在這十年裡，無論是風花雪月或是創業困境，甚至工人鬧事、廠商刁難、惡意倒帳，還有地方黑道、大圈仔綁架，一次次的衝過難關，可說是台商的血淚史。

掌握時機 佈局大陸

　　1992 年鄧小平在中國南方的深圳、珠海、廣州、上海等地巡視及「南方談話」後，啓動了改革開放，畫深圳爲試點。到現今的沿海城市的繁榮這段走了四十年，也是台商西進的最佳時機，造就了許多成功的台商，當然失敗的也不在少數。

　　兩岸經過了幾十年分治，互不往來，直到蔣經國先生開放回大陸探親，親人尋根帶動大陸經濟投資；1989 年中國發生史上前無所有的民主學運，在武力鎮壓下，驚動了全世界，那時幾乎外國商人全數撤資，造成中國莫大的經濟損失，但台資企業非但不害怕，反而挺進大陸過渡這段時期，阿發認爲這是在中國經濟史上，最值得感謝台灣人的地方，彌補經濟發展的空窗期；1995 年後外資大企業才又陸陸續續回到中國來。

　　阿發憑藉曾在廣州安裝過天車建立了基本人脈，除了台灣的業務，對於大陸的市場有著憧憬，但台灣與大陸的法規還是有些不同，台灣的規範大部分來自日本的安規，大陸則是偏向歐美的規範，把所有固定式起重機做詳細的分類說明，有趣的是台灣俗稱「天車」大陸則稱「行車」。阿發憑著專精研究行車，成了當時業界的行家，在大陸有了很好的機遇。

搭上第二班列車 享受中國優惠政策

　　西進列車分別有三班，第一班列車從改革開放起到 1990 年；第二班列車從 1990 年到 1998 年；第三班列車從 1998 年到 2008 年，2008 年世界金融海嘯後的列車，台灣人已經搭不上了，中國人的時代全面來臨！

　　1995 年前絕大部份的台灣企業對西進大陸都抱持觀望態度，這個時段是改革開放的第二台列車，阿發坐上第二班列車西進大陸，享受著中國給予的莫大優惠政策，諸如兩免三減半、進口設備免徵進口環節稅及關稅等等，大部分的企業設廠都在東莞、深圳爲多；由於地方的條件較寬鬆，製衣廠、製鞋廠、塑膠廠…等集中在東莞；深圳爲富士康大本營爲鴻海所投資，一些鴻海的衛星工廠在其周圍。

　　2000 年前台商沒有缺工的問題，當時的勞工喜歡加班賺錢，雖然素質較差但並不影響，從事的大都是勞力活的作業員。那時候台商以加工企業居多，也就是大陸所謂的三來一補企業，海關給予免稅，也造成日後大批台商被海關查稅造成逃漏稅的主要原因。

　　深圳特區緊鄰香港，從小漁村發展成爲現在的國際大都市，成爲大陸重要指標；接著又陸續規劃廈門、珠海、汕頭以及海南島爲五個特區，並開放了沿海 14 個都市，作爲招商引資的城市。此時，大陸欠缺的是資金，於是採取借由外資帶動國內經濟發展的戰略，讓一部份人先富起來。早期進入深圳的關卡，得下車通關檢查護照，大陸人士得有邊防證才能進入特區，當時全國菁英匯聚於此，全都在此尋找人生的機會。台商也不例外，沿著深圳、東莞到廣州，從廣東、福建、江蘇、上海北京一路全面性的投資，帶動了大陸市場經濟。當時大陸人工多，從 1966 年文化大革命到 1979 年實施一胎化，出生的人口最多，改革開放後出生的這群人剛好 20 多歲，至沿海城市發展，成爲主要的人力。

代辦工檢 累積人脈

　　大陸管轄「行車」這項起重機業務的是質量技術監督局，從前是勞動局後來移給質監局管，當時的台商大部分集中在廣東省各縣市其中深圳、東莞、廣州最多，既然設備輸出到這些地方，得向當地報檢，取得使用合格証。勞動局受理申請得在施工地所在局有註冊合格之廠商，一般屬當地企業居多，台灣的天車廠，賣去的設備都不能受理，按規定一定要有資質，勞動局特批了給阿發核准函，所以許多同業只要有大陸的法規問題，阿發都很熱心的提供協助，並也幫助其他同業代辦此項業務。

代辦業務其實是沒有利潤，但可以建立與客戶之間關係，並且在大陸勞動局成為註冊合格的公司，這對往後業務有著很大幫助；在代辦美亞的工檢同時，走動了宏仁集團以及廣州經濟開發區的台資企業，人脈就是錢脈，當時台商的資源很少，大陸的產品不敢用，很多設備是台灣來的，我們這些供應配套廠成為他們的建廠後盾。

另外，代辦宏仁及美亞之後也給了阿發不少生意，對於一個無本的青年有莫大的幫助，當然有了這些業務後，公司因此而壯大，1998 年在香港註冊了公司，方便境外接單，大陸當時對台商實施進口設備給予免徵關稅及進口環節稅，台灣對於出口也有退稅，由於許多的天車主機來自德國或日本，所以設立登記第三地公司方便進出口貿易。

大陸勞動局給予特批證明，允許代辦代驗

阿發的企圖心不僅如此，2000 年中佑公司通過了 ISO 9001 認證，阿發想到總不能所有的工程都發包給代工廠施作，因此有了設廠計劃，設廠可不是件小事，除了資金還要有技術人員，對於阿發來說是一個很大的挑戰，再則設廠是要買土地呢？還是租用廠房，大陸市場雖大，但民營的陸資天車廠也漸漸多了，生意能做幾年呢？阿發深入思考兩岸事業的佈局。

二兆雙星 躍升無塵室起重機的代表

2002 年時，台灣政府正在推動「二兆雙星」計劃，其中一兆就是 TFT-LCD 面板產業，正要興建很多光電廠，這些光電工廠的投資案，屬於高機密，所以在建廠過程中，不易知道裡面的機台擺設，對於設備廠商也必須簽署保密協定。

　　中佑機械與日本株式會社神內電機製作所，合作 TFT-LCD 無塵室專用的起重機的業務，在那幾年阿發相當低調，為了搶市佔率，表相的好大喜功全都收斂了。表面上吳江鐵工廠，一如往常，傳統的天車持續承接，維持工廠的開銷，真正賺錢的生意，其實為無塵室構件配套生產，回銷台灣。當讓同業發現了，他們已經看不到車尾燈；這份成就感來自穩紮穩打，低調融合開創新局。

無塵室天車
與日本株式會社神內合作，中佑機械成為無塵室天車(起重機)的代表

穩紮穩打，開創新局

　　隨著手機的崛起，液晶面板廣泛的使用，除了手機的小螢幕，電腦螢幕，進而電視螢幕都需要大量的面板製造工廠，這種工廠為全密閉式的無塵室建造，大陸稱潔淨室，在面板的製程中不容許有落塵，以 1000 級設計，落塵會影響液晶面板的良率，早期如果看到螢幕上有小黑點，其實那個就是落塵，在這種液晶面板的工廠所需的製程設備以及輔助設備，要求的水平大概都是 ±1mm，摩擦系數越小產生的落塵越少，所以這樣工廠的設備造價特別昂貴。

　　「二兆雙星」計劃中一兆的 TFT-LCD 面板產業，北部有友達，南部有奇美，此兩家都到日本去交流合作技術轉移，後來加入華映、廣輝、群創三家成了面板五虎，這類的工廠投資金額巨大，如果沒有政府的扶持，銀行不容易融資。製程設備大都仰賴進口，不過會給予免徵關稅，光電工廠的設立，帶來另一波電子業的轉型，台灣的機械設備業也因此受惠，比較簡易的輔助設備，結構件都得在台灣當地採購，還有這些國外廠商也得在台灣找到施工團隊配合，這些光電工廠的投資案，屬於高機密，所以在建廠過程中，不易知道裡面的機台擺設，對於設備廠商也必須簽署保密協定。

　　中佑機械在陳總的引薦下，與日本株式會社神內電機製作所，合作 TFT-LCD 無塵室專用的起重機的業務，全世界的液晶面板工廠最早是日本所建造，從手機的小螢幕小片的液晶面板，到大尺寸的電視，漸漸發展至今有 10 代廠，全世界以日本夏普工廠最大，目前為鴻海集團所有，日本人相當聰明，會把過時的技術賣給海外，自己擁有最先進的製程，TFT-LCD 的生產工廠內的無塵室起重機，只有神內、鬼頭及日立三家製造商，其中神內市佔率為最大，隨著光電廠的建造，神內的產品也賣來台灣，所以找中佑公司協助安裝。

勇於承擔，挑戰自我

　　株式會社神內電機製作所，是一家已經創立 78 年專業的起重機製造商，家族經營已到第三代，因日本經濟蕭條，企業的成本不斷增加，得靠銀行融資方能順利經營。2003 年時神內面臨財務重整，銀行五年內不再提供貸款，所以神內面臨接單時需籌資的問題；那年友達有批無塵室專用起重機要採購，金額約台幣三千萬元，因神內財務困難，便轉由中佑出面承接此訂單，再由神內會社提供技術支援，但資金方面希望給予方便，在出貨前得先付款，其實當時中佑原本財務也很吃緊，但最終在很辛苦奔波遊說協力廠商尋求大力幫忙，給予較高利潤換取資金調度的空間，就這樣戰戰兢兢完成了這筆訂單，也從此中佑機械成為無塵室專用起重機的代表商。

　　2002 年到 2006 年上半年，北友達南奇美，還有廣輝、群創大量的工廠建造，無塵室的起重機也大都向中佑採購，訂單從 3.5 代廠台幣三千萬到 7.5 代廠台幣三億元，因為技術較高又無訂金可收，資本金動用較多，所以台灣

同業興趣缺缺，神內社長告知「如以全球電視全面更換液晶螢幕得要五十座工廠方能滿足，台灣目前只有十來座這樣的工廠，未來有很大的業務量。」。

　　日本的要求極為嚴格，所以在安裝工程中派日本技師來台，每日每人費用得付十萬日元，最多有十位日本的技師在台工作，這筆不小的開銷支付，對中佑而言是最大的現金負擔，為因應設備組裝也為就近服務客戶，不得不在桃園及台中設有工務所維修站，以及大陸吳江及台灣龍潭設立工廠，以香港中佑公司接單，鋼結構材料由大陸工廠製造，台灣工廠負責安裝，日本神內會社提供主機及技術支援，只有這樣的模式運作，才能確保客戶的交期，TFT-LCD 建廠期限很緊張，如果逾期完工，影響製程設備安裝，罰則很重！。

轉型契機 佈局兩岸

　　阿發在大陸多年發展，承接了不少工程，但早期發包給協力工廠製造安裝，往往工程品質無法在第一時間掌握，直到 2001 年設立吳江鐵工廠後，業務才更順遂，吳江鐵工廠也成為阿發關鍵轉型的契機。

吳江鐵工廠
2001年設立吳江中佑機械，成為事業關鍵轉型的契機

　　阿發佈局兩岸事業，自己負責大陸業務；台灣則全權交由陳總掌舵，當台灣在發展面板工廠大量建設時，阿發取得日商的合作提供關鍵技術，所以友達、群創這類的面板公司，需要的「無塵室起重機」在台只能向阿發採購，因為國外更貴。

　　當初吳江鐵工廠的選址過程，考量到那時在華東地區客戶集中在江蘇昆出，同業已有好幾家天車設備商，為了避開紛爭，阿發選擇到蘇州吳江，離昆山不遠大約一個小時的車程，即可服務昆山客戶，又可在吳江地區發展，比較少競爭對手。蘇州工業區大部分是外資企業，有電子的、民主用品的、食品業的，有點類似台灣的新竹科學園區，水泥廠房一列列的排開井然有序，但就是少有鋼構廠房，不太適合製造起重機行業，直到到達了吳江松陵鎮的宏飛彩鋼廠，老板是位 30 來歲，微胖理著平頭，收拾相當整齊的年輕人，向阿發介紹廠區，大門左邊有一棟車間空著，上有裝設天車，正好符合阿發的需求。（大陸稱廠房為車間）

　　宏飛的楊老闆領著阿發拜訪吳江市政府，在招商局的解說下了解到吳江的發展方向，吳江原來是以輕紡工業為主，盛產絲綢，東臨上海、西瀕太湖、南接浙江、北依蘇州主城區，著名的水鄉同里就在吳江區內。市府領導看到昆山台商的經濟發展，因此吳江成立了新的開發區來招商引資，當時吳江市轄 21 個鎮，以松陵鎮為市政府所在地，隔著運河就是開發區，吳江住宿的地方只有吳江賓館和鱸鄉山莊，城區街道古色古香，台資企業不多，華宇電腦、中華映管、台達電子為代表性的企業，而未來帶動配套的衛星工廠，這些利多也是阿發選擇吳江為生產基地的主要原因。

　　2001 年在吳江順利的把工廠開設起來，因為沒有錢，所以廠房用租的，大約 2000 平方米，然後用隔板後頭隔出 300 平方米作倉庫及辦公室用，所用的辦公傢具都是別人公司所給予的，代步的汽車也是租的，就這樣用個人名義投資二十萬美元的三資企業，也是三無企業！

　　「先求有再求好，先利用外部資源，再強化本業結構」工欲善其事，必先利其器！開工廠投資生產線是不能省的，檢驗設備也是必須的，並向市質量技術監督局提出資質申請「生產許可證」、「安裝許可證」，取得證照後，接下來就是訓練一批自己的專業技工。

吳江鐵工廠取得起重機資質證照和特種設備製造許可，以及特種設備安裝改造維修許可證，才能在大陸順利承接工程

看準了台灣未來將有「無塵室起重機」的市場，為了深化與日商合作，不得不超前佈署，表面上是接單生產一般天車，但是已經默默的尋找加工廠，為日後做準備。有日本的技術支援，以及大陸對台商的出口優惠政策，吳江鐵工廠成為阿發關鍵轉型的契機。穩紮穩打開創新局，阿發一心想在天車界闖出名號，要從「三無企業」，成為真正的三資企業，這個過程很艱難。事在人為，「每臨大事有靜氣，不信今人無古賢」，只要心中有意念，理想一定能達成。

阿發也用心的在市場上招攬人才，合適的不多，只好從認識的朋友中找來幫忙，台一國際的張棟樑副總那時想回台就業，所以就進來公司負責工務部門，而戰威鋼構的張美菊副總，則過來管理財務調度，原本都是阿發的客戶，現在成為奮鬥的夥伴，陳總負責接單，副總負責執行，完成了組織改造，健全了公司制度。

處世座右銘
凡走過必留下痕跡
入寶山豈可空手而回

CHAPTER 09

台商甘苦 險惡環境
處處危機

　　上天要成就一個人必須會給他很多磨難，台灣人有一句話「吃苦當成吃補」，阿發在大陸工作的這 10 年遇到的難事還真不少。不過，關關難過關關過。

大圈仔設圈套 擄人勒索

　　好漢絕不吃眼前虧，當危難當頭必須先妥協，在敵人的陣營裡切勿燥動，投其所好將計就計，人在屋簷下一定得低頭，等待機會立即脫身。飯店既然是犯罪所在地，經理人員也許是共犯，上車後立即改變行程。

　　大圈仔設圈套擄人勒索劇碼在阿發身上上演，2001 年 12 月的一天，阿發接到來自香港陳港生先生的電話，說要在廣東中山建玻璃廠的項目，細節得到香港來談，於是約定三十日在香港君豪酒店商談，請阿發備好相關資料，並要求開立香港所在地銀行的資信證明，阿發帶著非常愉悅的心情來到君豪酒店，原本訂在晚飯後總裁約見，其後告知改在隔天正式商談。

　　隔日約莫早上十點陳生來了，直說抱歉，因他的寶馬車壞了，帶著阿發過了幾條街道，來到了馬可孛羅香港酒店，陳生說：林總裁住這，就直接去他行政套房開會吧！

　　進門後，一位西裝筆挺，年約六十多歲的禿頂大老闆，笑臉迎人，自稱林總裁，說明廣東中山是他們第一個投資案，將來在浙江湖州投資規模會比這案更大，不一會兒進來幾個朋友，感覺很像大陸人，總裁介紹是某某企業的董事長，一位年紀較輕留小寸頭略胖，從西服袖口中隱約可看見刀疤，此時阿發開始感覺有點不對勁。小寸頭拿出港幣二十萬，藉孝敬林總裁展現出有錢人的姿態。

　　林總裁說起廣州的發展，對阿發在廣州承包的業務似乎熟悉，聊著聊著，也不忘招呼其他友人，公事聊完，接著問阿發說：「有什麼興趣，橋牌會嗎？」阿發說：「不會」那象棋應該能來一下吧，阿發為了做生意，也勉為其難的陪著林總裁下了二十分鐘的象棋，果真技不如人。

　　接著，林總裁說：「離吃飯還有一點時間，大家一起來玩下撲克梭哈吧！」，在眾人的慫恿下，阿發也不好掃興，在台灣做生意有時也是須陪客戶打打麻將，然第一把牌，阿發贏幾百塊錢；但第二把牌，好戲上演了，這些朋友開始漫天喊價，不過幾分鐘，阿發已經欠下港幣一百六十幾萬，對方要求寫下欠據蓋上手印。

　　這下可完了，心想「這是場騙局，遇到大圈仔，完了，該怎麼脫身？」阿發告訴自己一定要鎮靜，故作沒事，千萬不能動氣，在房間裏對這五個人得和顏悅色，阿發說：「我們先去吃飯吧，吃好後我去領錢，回來再好好的玩。」

　　下了電梯，看著遠方門口一台廂型車在那等著，天啊，這不是跟電影的情節沒兩樣嗎？阿發藉故在大堂說：「我上個洗手間。」當阿發走向安全門時，小寸頭連忙跟上，拉著阿發說：「洗手間在這邊。」完了，斜眼看到大堂有十來個的黑衣人，這群大圈仔似乎準備擄人勒索，這下好了，如果出飯店這個門，後果不堪設想。

　　索性走向櫃檯，小寸頭說：「你想幹嘛？」阿發說：「我開個房，今天住這了。」並對著櫃檯小姐使眼色並且小聲的說：「找保安！」

　　櫃檯小姐：「先生，我很忙你有什麼事嗎？保安你自己不會找嗎？」在這千鈞一髮，阿發連忙人聲說：「給我一間房。」，求救的訊號似乎櫃台小姐沒有聽到，大圈仔一群人就在阿發後面，小姐又說：「請到十七樓換鑰匙。」阿發無助看著她說：「可否請保安帶我上樓…」小姐不耐煩說：「電梯在那裡，您自個去。」

　　短短的五十公尺，卻是阿發人生最漫長的路程，踏著非常沈重的步伐，一步一步看著電梯，冷靜再冷靜不能慌，當電梯門打開時，馬上快步跟著一群人擠了進去。開了房間，馬上報警，警察來了當阿發說明來龍去脈後，僅聽他一面之詞是無法立案的，基於人道保護，該酒店的經理，帶他走其他秘密安全通道，到達的士站，上車前告知經理要去九龍尖沙咀，駛出後阿發又改口到旺角洗衣店；在旺角候車室內，驚魂未定，直到上了廣州的巴士後，才真正晃過神來！

　　由於阿發年少在八大行業打混過，膽識過人，順利逃過一劫，回到廣州後將這段遭遇告訴了好朋友黃阿朗，阿朗馬上把這段經歷告訴了廣州台辦主任李天柱，台辦李主任呈報上級，展開緝兇行動，雖然阿發是小台商，但是廣州市政府不容許有這樣的犯罪行為，李主任說「我們不容許大圈仔有這種惡法的行為，這種企圖動搖社會經濟，我們必將嚴辦」，阿發聽了以後，感到無比溫暖，不到三個月，終於將這群惡人繩之於法。

香港大圈仔擄人
在香港馬可孛羅酒店遭大圈仔設圈套險遭綁架勒索

協力廠的刁難逼迫就範

　　不是每個工程案件都順利，除了偷工減料，材料短缺，稍不注意，小到一根螺絲，來返等貨的時間，得花上大半天，萬一材料商沒貨時，整個工作停擺，除了當日工班薪資損失，也有可能延誤交期造成賠償。

　　遇到人為因素時，往往缺乏管理或是管理不落實，上工時明明得帶上工具箱以及必要的工具大小起子、扳手等，不過有些職工就會落東落西，常有不見之情況，到了工地時，才發現缺工具或工具壞掉，然後再回工廠拿，這樣一來，就可以間接逃避上工的時間，這些工人實在太聰明了。

　　手工具如果損壞，補新的就比較合理，但是如果新的用沒幾次就壞了，有可能是瑕疵品，但也有是被職工偷換掉（以舊換新），更扯的是，拿回家用，或是拿去變賣，大部分人都會向老闆說，工具掉在工地或是被業主拿走，總會有藉口。

　　這個現象，看在阿發的眼裏，百思不解，到底原因出在哪裏，手工具金額很小，怎麼會老不見，在台灣每個師傅都把工具箱保管的很好，很少不見，這些工具一用好幾年，站在台灣的角度是如此，實在沒辦法了，常常因為這原因，浪費了工作時間，只有制定每人專屬手工具，並且在上面貼上自己的編號姓名，不見了照價賠償，就像賓館那套用品賠償單的方式，請他們在上面簽名，並且每日清點，這個方法果然有效。

　　在承包杭州客戶的工程，因為當時阿發在大陸還沒有工廠，所以發包給昆山同業製造與安裝，客戶要求完工日期十分緊迫，協力廠在施工中故意將工人調開，借此強迫支付工程款，人員才繼續進場施工，但由於合約日期中載明驗收後方才付款，但這個舉動無非就是請你提前支付施工款，這對阿發來說是一個很大的壓力。

　　後來阿發向人借了現金才順利把這個工程結案，諸如此類的放空工地，在大陸隨手可見，這個慣性是一個不正常的現象，主要原因是要讓大包商在業主前失去信用，將來小包商可以直接向的業主承攬工程，然在這個時期是阿發剛剛創業不久，在有限的資金下同業不想讓你壯大，所以會出此下策，試想在商場上怎麼有可能讓你做大了呢。

　　有些的工廠用的天車設備，使用頻繁噸位較大，所以捲揚主機的採用要特別製造，我們俗稱開放式主機，這樣的主機的要提前訂製，當時有個客戶蘇州的建廠案，向阿發採購了六套 20 噸開放式天車，由於吳江工廠僅能生產主樑，但是捲揚主機的製造需要許多加工設備，得委外製造。

廠長找到了無錫起重可以配合，而且質量也還不錯，無錫起重機械廠許厚生廠長也是位個體承包戶，這個許廠長為人可以說圓滑也可以說奸巧，在捲場主機出廠前故意來電說「支付貨款方可出貨」阿發對許廠長說「主機沒裝上去怎麼知道可不可以用」許廠長說「沒辦法廠裡要錢才能放行」急到阿發實在沒辦法，請會計故意到銀行開了一張匯票，但是給他廠「江陰凱澄牌」的匯票，並傳給徐厚生看，並告訴「許廠長如果你不出貨我們就轉買「江陰凱澄牌」，許廠長覺得大事不妙這個計策被看破了，只好乖乖出貨。

吳江鐵工廠 職工鬧廠

大陸員工很難管，各種花招無奇不有，諸如得寸進尺、推諉卸責、厚顏寡恥、結黨營私、睜眼說瞎話、死要面子…等。

那時候阿發很認真，凡事親力親為，千軍萬馬一人當關，大陸員工實在很難管，老闆一不在，全廠很自在，提早下班就算了，還會到食堂吃飽後再回家，「貓不在，老鼠最大」，有一次下班前，阿發回到廠，有些員工已經在休息了，準備要吃飯，因工廠供兩頓飯，有一個叫李智建的吳江人，不住在廠裡，每次回家前，總會吃飽後再走，那一次提早下班，同事說李生四點半多就去吃飯了，不到五點就離開了，隔日，這些事實他也不否認，保證不會再犯，並寫下保證書，內容「我李智建，今後保證準時吃飯，不會提早走，上班有工就做，無工等吃飯」！真是啼笑皆非，阿發要的保證是努力工作，不遲到，不早退，他老兄還是吃飯排第一位。

還有一位課長名叫方勇，很會邀功，因為這個行業做了很多年，所以提拔為課長，然後久了就皮，難免會有些雜七雜八的事情，聘人容易，開除人難，大陸員工看你是台灣人一定會多要點錢，能要多少算多少！不到他的滿足點，別想要他會離開，經過廠長、台幹的好言勸說，還是賴在宿舍不走，怎麼辦呢？阿發親自來處理，請所有人出去，剛開始動之以情，「人生到處是機會，既然有人投訴你，公司已不追究，何必為難廠彼此呢…」，沒想到，方勇得寸進尺，開始大聲嚷嚷，並揚言要阿發好看，一氣之下，拉下窗簾，只好拳頭相向，強行驅趕，混亂之中方勇頭部受傷，也驚動公安。

　　隔日，方勇帶著四個壯漢來，直奔辦公室來，每人手上以報紙包著武器，其中一位最壯的老鄉講話了「你是張總吧，今天不給個交代我們是不會放過你的，看你是要公了、還是私了…」，此時辦公室內女同事個個花容失色，一片肅然，阿發說「進來我會議室吧！給我五分鐘，等我手邊工作處理好，再好好的和你們解決」！唉！又好像電影情節，帶一些人來敲詐，有了香港險遭大圈仔綁走的經驗，阿發在地方上有些朋友。

工人鬧廠
吳江鐵工廠工人辦公室鬧場

　　阿發對著方勇說：「說吧，你們想怎麼了，公了、私了？只要好好的交接，離職切結書簽具，我也不會為難你，何況該給的錢已經給清楚了，不要在這裡鬧事，請你們快走吧！」，對方開始不耐煩，拿著手上的長條武器揮阿揮，口氣越來越不好！說時遲那時快，廠外進來二十幾個人，「張總，不好意思，我們來晚了！現在要不要給他們抬出去…」，阿發對著地方友人

說「不用，老同事有事找我商量，你們先出去。」，當然，眼前這幾個小民工，自然沒輒，簽好該簽的文件，拍拍屁股走人，基於同事情誼也就讓他們安全離開，其中一人臨走時手上的武器掉了，阿發好奇的打開一看，原來是把塑膠尺！

稽查隊長以權擾民

做生意管理員工，還得要應付政府部門，因爲很多的法令規範沒有很完善，很多都是領導說了算，導致很多公務部門藉以關心企業爲題，拿點好處也時有所見，那個年代很講究關係，有親人或者朋友在朝爲官往往仗勢欺人，阿發在吳江開廠時，住在市區的房子，因爲與房東有點小摩擦，爲了1600元，結果這房東伙同他的好朋友陸沛鋒，任職在吳江質監局，以職務之便，到廠找麻煩，以官逼民來達到妥協的目的。

2003年七月的一天，下午約兩點半，吳江質監局稽查大隊長陸君，來到了工廠，陸君未表明要來查什麼，只說來關心企業，他拿出了技監局的工作證，並且要求工廠拿出製造安裝資質證，並且要求將所有帳冊都要拿出來給他看，然後就到財務室要求會計，由於天氣太熱阿發請他到管理部辦公室坐，陸君口氣相當惡劣命令把所有的發票帳冊全部要整理出來。

稽查大隊長用假公章下了八張公函擾亂企業

阿發說道「領導，可不可以具體來函，需要甚麼資料再整理給您。」，沒想到陸員勃然大怒說道「你是法人，不管，給你十分鐘馬上給我整理出來」，阿發回答「公司有公司的體制，企業有企業的秩序，希望能有較多的時間匯總工務部管理部人員，再整理給貴單位…」，陸員還是不滿意「反正十分鐘馬上要整理出來」，一直在廠裡面反覆的刁難，直到五點臨走前說「今天你是台資企業換成本地企業就不一樣了，一定要你好看」。

　　這種來工廠搗亂，假借公務之名進行私人報復，期間動員無數次台辦來關說，弄得滿城風雨，市政府官員下不了台，大部分的商人大都花錢了事，因阿發本身性格正氣不阿，實在氣不過，當時寫了陳情書給吳江市長及蘇州領導，嚴重譴責，陸員按個人的意志行事，忽視依照法律規定行使權力，挾帶私怨，以假冒的公章發函企圖顛覆企業，違反了「三個代表」的重要思想，漠視人民的根本利益，阻撓社會主義的發展道路。

　　請貴領導同志，依法給予隊員陸君批評與指教。大陸有個制度可以允許民眾上訪，可以直接寫信給局長或市長，他們會按照事情的嚴重程度，交辦給該負責的人員，也會親自去關心上訪民眾的需求，如果沒有處理可以逐層向上反應，在那個年代法規較不完整，很多狡猾的商人，都鑽研法律漏洞，官商勾結，導致很有很多貪官污吏。

　　這兩封陳情信用詞分別不一樣，給市政府的代表我們投資的決心，給蘇州領導的是舉報稽查大隊擾亂企業已違背黨的精神，本來吳江的態度並沒有很積極的處理，沒想到阿發向上舉報，這個舉動當然會影響到吳江的招商工作及市領導的升遷，而且也會讓台商無所適從。

　　於是，震驚了吳江市政府，市台辦一直來關說，錢他們出我們就把這個事了了，這種認罪協商的方式，阿發當然不能接受，當時的台商圈議論紛紛，後來市政府還是把它平息下來了。

　　在招商大會上馬市長，一如往常熱情接待台灣朋友，有趣的是在大會有脫稿演出「吳江是最安全的，投資環境最佳的，你看今天公安局長就坐在這裡…」然後一個眼神看著局長，幽默的說「你不要壞了我的好事」這個言下之意是代表什麼呢？在招商期間去唱唱卡拉OK，帶帶小姐不會嚴打，「嚴打」這個詞翻成台灣話解釋就是掃黃抓嫖客的意思。

　　台商在大陸人的心中想法，就是喜歡上夜總會泡妞包二奶，其實他們心裡是看不起這些台商，就好比日本人來台灣做生意，晚上都會到條通去唱歌喝酒然後帶小姐去開房間，不能說是全部日本人都會這樣，但這種慣性行為現在依然可見，回首看待這一切也會覺得日本人很可惡，來台灣玩女人，這就是所謂的民族情節；相對的時空背景轉換一下，台灣人在大陸何嘗不是呢，阿發知道這一點，所以一直很潔身自愛。

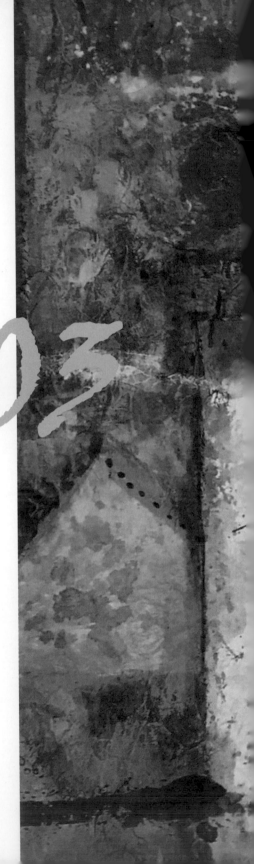

Part 03

經濟浪潮下勇闖未來的台商異鄉人

縱橫千里
陳朝寶
旅法藝術家
台灣藝術大學客座教授

轉型思考 持盈保泰

台商十年異鄉生活，阿發會利用假日的時間坐飛機出差，時間較從容，空閑之時到藝廊或者古玩店尋寶，以收集藏品為樂，收藏的另一個好處，就是會研究出處，揣測作者的創作用心，加上後來研習書法，興趣與喜好逐漸轉往藝術文化領域。

大陸的經濟發展快速，是一種跳躍式的模式，與台灣三十年的成長截然不同，加上政府支持產業的力道，有些台商太過安逸渾然未查覺這個動態。企業如果無法升級或者轉型，何不安然退場；歐美日投資法則採取財務制，而台商大都採資產制，導致當經營陷入困境時，無法收場，資產卡住，越陷越深，銀行收傘，辛苦一輩子化為烏有。阿發得來不易的積蓄，由於民營天車廠的競爭，在看見未來沒有利潤可言時，設立停損點，另尋可發展項目，轉型思考前提「持盈保泰」；也洞悉中國大陸，另一波振興中華文化勢將崛起。

● 翻轉人生 ●

CHAPTER 10

台商十年異鄉生活

　　一個在大陸市場經濟大潮中勇闖未來的小台商阿發，1996年搭上大陸開放投資的列車，1998年設立香港中佑國際有限公司，1999年設立廣州辦事處，為典型「台灣接單、中國大陸加工生產、產品外銷」的台商，因業務關係在大陸待了10年。

　　兩岸因長年歷史的隔閡，及大陸經過文化大革命，大陸與台灣生活有很明顯的反差，在3000多個日子中，阿發敢衝、敢闖的勇氣，及酒店少爺6年的生活歷練，在異鄉感受生活反差所帶來的新鮮與難忘的體驗。

長駐廣州的日子

　　1999年，阿發在廣州設立辦事處，公司位在廣州經濟技術開發區西區的生活區上，西區位於黃埔新港、珠江與東江和橫河交匯的三角地帶，有香港直通開發區碼頭的客輪，交通及生活較為便利，於是有了長駐計劃，阿發在青年路上的利豐大廈19樓租了二房一廳的高層住宅，利豐大廈是1998年完工，該大廈是由兩棟高為21層的電梯樓構成，分別為南塔和北塔，對面是中國銀行以及麥當勞，旁邊就是菜市場，由於位於青年路，購物、交通非常方便，在這裡阿發生活了兩年。

廣州經濟技術開發區西區

台商在大陸的的生活極爲苦悶，離鄉背井，隻身在異地打拚，白天除了找生意，晚上還要與客戶拼酒博感情，早期過去的台商，大部分都在做台商的生意，也因爲是同是台灣人，生意較爲好做，資金也較好操作，早期的付款方式，還可以大陸交貨，台灣付款，將利潤留在台灣，大陸則做另外一套帳，比較聰明的台商會成立境外公司如英屬開曼群島、維京群島、美國薩摩斯、新加坡、香港…等，做爲接單中心，可以說是避稅也可說節稅。

大陸是外匯管制國家，換匯沒有那麼自由，資金進出挺爲麻煩，導致那個時候黑市盛行，有許多匯款的管道，就成就了地下通匯，其實這種形式最早出現在港口，也就是船務公司的套匯模式，在廣州開發區因爲有港口就有黑市換匯，比起銀行還換得多，一百美元有時可換到九百人民幣，大筆金額還可以議價，那個時候大部分的台灣人都攜帶美元現金來開發區的小店更換，小店也賺些手續費，金額大時利潤不少，阿發每每兌換 100 元美金，就可以用上好幾天，那個時候盒飯才三元，好一點的五元，啤酒三元，如果上小餐館吃飯百元有找，上小的卡拉 OK 房也不過二百元，枱費也只有一百元。

吃在廣州

阿發吃飯很簡單，一個人時就到麥當勞，早期上麥當勞吃漢堡的台商很多，阿發去了就順便廣發名片，不放過任何開發業務的機會；有時候就在附近吃廣州腸粉或桂林米粉這種當地小吃；想念家鄉味時就到上島咖啡享受一份套餐。

麥當勞廣發名片
在廣州，阿發到麥當勞吃早餐，順便廣發名片，不放過任何開發業務機會

上島咖啡—解鄉思

有時懷念家鄉口味時，阿發就會到青年路底的上島咖啡，去享用一個簡單的套餐，上島咖啡是一個台灣人開的，老闆姓賴，因為常去，所以賴先生給了阿發一張 VIP 卡可以打九折。上島咖啡其實賣得不止是咖啡，有飲料及調酒，比較像是台灣的老西餐廳，如民生東路二段的「浪漫一生」和忠孝東路四段的「吾愛吾家」，有燴飯也有套餐，阿發記得裡面有排骨飯、雞腿飯還有牛肉麵等，單價從 10 元到 15 元，比當時的盒飯貴出一倍，很多商務客約在這裡談生意，也有些情侶來這裡談戀愛，本地人和台灣人最大的不同，就是講話的聲量，本地人來上島，認為到了高檔場所，所以很喜歡嚷嚷，代表自己上了檔次，主要還是文化性的差異。

廣東野味店

廣東人很講究吃，吃飯前要先喝煲湯，粵菜屬於十大名菜，有廣式燒臘油雞、烤鴨、乳豬，魚翅、鮑魚、龍蝦，還有些野味果子狸、穿山甲、蝙蝠等，只要能入口的沒有什麼不吃，蝙蝠和中國的福字音相同，據說吃了蝙蝠能夠補身長壽，蝙蝠是一種高溫的動物，生活在寒冷的洞穴中，卻能夠幾千年能生存下來，蝙蝠身上有很多種病毒，但是總是沒有辦法侵略到牠的身體，因此人們認為吃了蝙蝠能夠百毒不侵。

沿著廣深公路往東莞的兩旁有許多野味店，對於當地台商來講比較敢吃的，應該是蛇的料理，聽說吃蛇肉能夠清毒解熱，所以阿發在廣州的這段期間，只要身體稍微搔癢過敏，就會邀請幾位當地朋友，上蛇肉館喝上兩杯蛇酒，蛇酒就是現殺蛇血加當地自製的米酒，顏色為暗紅色，蛇的種類非常多，大都是養殖的，野生的很少，有毒的、沒有毒的，肉比較多的應該是屬於大王蛇，適合油炸，蛇皮可以用芹菜清炒，蛇肉燉湯也很鮮美，有多重吃法這個在台灣華西街是比較少有的。

穿山甲是保育類動物，肉質很硬不好料理，當地政府不允許販賣，所以店家只會提供給熟客，穿山甲暗語是「老鼠」，得提前預訂；在潮汕餐館中有一道「金屋藏嬌」比較特別，就是用整片的豬肚裡包著一隻雞加點中藥熬煮，每天供應的數量也不多，還有蚵仔煎做法與台灣類似，所以生活在廣州，吃飯既便宜又美味。

住在廣州

1996 年阿發第一次到廣州出差時，和同事住在開發區成立的東園賓館，那時大多數的台灣人都住在這，房費約人民幣二百元。後來自行創業，到廣州陸續住過簡陋的海雲賓館以及更便宜的海員俱樂部旅店，直到 1999 年設立廣州辦事處，才在青年路上的利豐大廈 19 樓，租了二房一廳的高層住宅。

海雲賓館

海雲賓館大部分入住的人員，都是像阿發這樣喜歡便宜又離工地很近的小台商，除了睡覺休息，吃飯還得到外頭，純屬旅店，較大的企業老闆都住在廣州市區的酒店，再不然就住在新塘鎮上的太陽城或新豪景酒店，裡面附設有餐廳、酒吧各式各樣的消費應有盡有。

海雲賓館設備簡陋，電話僅能撥打當地市話，如要打國際電話就得到總檯，而且費用很貴，那時的手機費用是雙向收費，大部分當地人都還用叩機再回電話，沒叩機的人，家裡沒電話的人也很多，對外連絡還是有方法，在小區裡有很多小店，小店設有電話機是用來收費的，往往一個號碼幾十個人共用，都說是他家的電話號碼，然後小店的老闆會負責叫人來接電話，一天下來收入也不少，常常看到為了電話費一元兩元爭吵不已，因為打電話是講完話後看計時器給錢的，計時器的優劣有無動手腳，就是爭論的重點，此現象是台灣所沒有的。

海員俱樂部

阿發工作經常在廣州開發區，後來就選擇最便宜的旅店來歇腳，開發區的海員俱樂部的住宿每天只有人民幣八十元，設施相當老舊，海員其實就是那些船員上岸住的旅店，房間內部有二張小床，那個床的木架有點搖晃，鋪的白色床單有點粗糙而且已經起毛球了，牆壁及天花板的油漆剝落得很嚴重，洗手間是那種蹲式馬桶，沒有浴缸只有淋浴，蓮蓬頭出來的水流很小，水也是黃黃的，阿發很納悶這浴間洗澡好像很少用，難道這些船員都不洗澡嗎，後來才得知他們上岸後，都跑到桑拿洗浴中心快活去了，誰會在這洗澡。

台商夜生活 多采多姿

　　台商同溫層的下班後生活，不外乎按摩洗腳、桑拿浴、KTV唱歌，共同譜出台商多采多姿的夜生活。洗腳，在深圳與東莞一帶習稱「沐足」，可說是珠江三角洲一帶台商最時興的夜生活活動，雙腳先泡在由藥材煉製成的熱水中，之後再從背部、大腿到腳底的穴道按摩，全身會有無以言喻的放鬆和舒暢。

桑拿木桶浴

　　比起單純健康養生的洗腳，大陸的桑拿就顯得變化多端，暗藏春色者更不在少數，廣州的桑拿很多，花樣千奇百怪，介於正規與不正規之間，因為桑拿中心提供的特殊服務，純粹是服務小姐個人與客人議定，小姐的素質，決定訂價標準，桑拿（sauna）源於芬蘭，又稱芬蘭浴，台灣叫做三溫暖。

　　廣州當地的桑拿有些很特別，像大木桶中藥泡澡，在廣深公路上有一條小巷子，招牌很不明顯，因為經營的大木桶中藥泡澡，其實，就是所謂的特種色情場所，裡面的小姑娘大都不滿20歲，尋花問柳的客人非常多，有時候還得排隊，因為房間數量不多。

　　木桶是一個大約1.5米直徑人能坐進去，將中藥包放熱水浸泡身體，這樣的理療讓全身經絡舒緩，然後服務小姐幫你擦乾身體，吹乾頭髮，接著旁邊有張小床幫你按摩，最後提供全套服務，有時候服務小姐會慫恿你再叫一個小姐，和你說雙飛有多好玩、多舒服，其實就是在照顧來自家鄉的小姐妹。木桶泡澡的檔次並不高，主要的客層是本地人為主，那時候台灣人去的地方和本地人有所區別，主要是台灣人很保護自身的安全，很怕遇到當地黑社會。

　　還有一種桑拿中最高檔的層次，號稱冰火九重天，一般的小台商根本不得其門而入，經營方式類似台灣的私人會所，地方隱密，沒有招牌只接熟客帶來的客人，來的客人的身分也是經過確認。廣州登月酒店的桑拿房，收費較合理，裡面的按摩比較像台灣的理容院，這裡的台灣客居多，小姐的手勢也很好，按法比較正宗，小姐們大多來自河南與江西；大部分台灣人較少去桑拿，主要和習慣有關，桑拿花的時間比較久，而且台灣人一般不喜歡泡

澡，除非是年紀比較大的老年人他們會選擇去泡溫泉，在當時的台商大部分都爲中年人左右，所以他們打發的時間一般都是吃飯、喝酒、唱歌；台灣人的穿著明顯與本地人不大一樣，台灣很喜歡穿 POLO 衫，尤其是企鵝、鱷魚、雨傘牌爲多，很容易分辨，大陸這邊的人大多穿襯衫打領帶，看起來好像老闆，其實是打工仔。

夜生活的娛樂場

2000 年以前大陸是個大工地，到處在修馬路、蓋工廠，這些開發商建築隊，大部分都掛靠在建築公司底下，成爲一個私人承包商。中國建築集團下設有九個局，分布在全中國大陸，這些私人老闆只要上交一點費用，就可以承包工程，還有地方政府成立的建築隊，例如汕頭市潮陽建築工程總公司，簡稱潮陽建總。

開發區中有個私人老闆張和燦，原本掛靠朝陽建總，後來自己成立了浩和創業有限公司，專門承造大型工業廠房，張老闆做人處事圓融，不喜歡喝酒，潮汕人花錢不手軟，爲了打點與政府的關係，常常帶著這些客商與領導，到桑拿中心去享受，大部分的台灣人喜歡喝酒唱歌，所以有些建築公司的老闆爲了迎合所好，也是經常作陪，成爲各大夜場受歡迎的對象。

夜場指的就是夜間娛樂的場所，大陸稱爲 K 房或是夜總會，早期設立在各大酒店內，成爲星級酒店內的附屬設施，後來才有獨棟的歌舞廳；大陸人講的酒店指的就是睡覺的旅館，台灣人講的酒店是喝酒唱歌的地方；大陸人講的飯店就是吃飯的地方，台灣一般的認知是睡覺的旅館。

開發區這一帶比較有名的應該是太陽城、新豪景這兩個大酒店，太陽城有中央大廳有表演，然後有包廂，連棟是住房，所以一般台灣客人喜歡到太陽城來消費，因爲帶小姐開房很方便，走個室內天橋直通房間，新豪景的經營方式爲別墅群，可以供外賓來住宿使用，這些酒店夜夜笙歌，而台灣這些高級的飯店反而沒有這些花花草草，有的是各式各樣美味餐廳。

東莞的夜場更爲繁榮，最有名的應該是屬於龍泉酒店，裡面有 1500 個小姐，第二名的是太子酒店大約有 800 個小姐，因爲小姐太多，所以沒有休息的包間，從門口進去兩邊排開，大概全中國各省份的女孩子在這裡都可以

找到，燕瘦環肥任君挑選，帶小姐的幹部稱之為媽咪，就是台灣酒店經理或者大班，唯一不同的這些媽咪是抽小姐的枱費，坐枱的小姐枱費由客人自行給付，店家沒有算在消費的單子上，酒店的消費只算酒錢與包廂費用，台灣則是算在店裡消費的單子上面。

阿發在廣州的這段期間，因為承接不少工程，也認識了不少開發商，許多的施工隊也希望通過阿發能夠認識業主，他們都會私下找阿發坐坐聊聊，所以和張和燦這大老闆建立了良好的互動關係，不過阿發不太去桑拿房，主要是台灣人的觀念，認為桑拿比較適合老年人。

那時宏仁有個施工隊，廣東潮陽市建築安裝工程總公司老闆吳育鋒，知道阿發有個杭州大客戶，希望能夠透過阿發到浙江杭州發展，幾乎三天兩頭，請他的弟弟吳育錦，陪去夜總會唱歌吃宵夜，白天也會交代司機開著大奔馳，載著阿發到附近的旅遊景點遊玩。KTV 大概是台商夜晚最時興的活動，廣州一名台商就表示，到人家地盤上投資與當地官員打點關係是免不了的，現在抓賄抓得嚴，地方官員就喜歡台商這種到 KTV 招待的方式，比較不會留下任何痕跡。KTV 也就順理成章地變成許多台商的招待所及應酬場合。

台商傳奇　賺錢本事

古籍裡楊貴妃喜愛的荔枝，產地就在廣州增城，這裡的好山好水自古就以生產珍稀品種的荔枝「增城掛綠」最為馳名，歷年來被列為宮廷貢品供皇帝品嘗。

有一次阿錦帶著阿發來到廣州增城一處農場參觀，這個農場由 21 個小山丘組成，老闆姓高，來自台灣。高老闆操這一口台灣國語，他說他也是這兩年來到廣州，因為在台灣有積欠債務，所以逃到增城來避難，他用最原始的方法開墾了這 21 個山頭，兩座山中間低窪處，填土圍成一個小水庫，裡面養著台灣的吳郭魚，每座山聘請一對夫婦管理。

阿發問：你的山頭是怎麼樣開墾的？

老高說：很簡單啊，先放火燒山。

　　燒完山後老高就到鎮上請了 50 個臨時工，每個人給了 50 元，發了一個鋤頭從山頭到山底一字排開，一天下來就把山給翻了一遍。

　　有一次，老高放火燒山忘了申請，鎮上來了很多消防車，那一回鎮領導把老高批評了一頓。山頭開墾後總要施肥和殺菌除蟲，阿發很好奇老高是怎麼處理的。

阿發問：那你怎麼施肥呢？

老高說：我到市場去撿一些雞毛鵝毛回來泡著水讓牠腐爛，成為有機肥來噴灑。

阿發又問：那這些病蟲害裡如何處理呢？

老高說：我就去買一些蒜頭，還有辣椒，同樣的浸泡，最後加水稀釋後，把它當成殺菌使用⋯

　　不得不佩服老高腦筋的靈活和豐富的常識，在管理 21 個山頭當中，難道沒遇到最煩惱的事？老高告訴他最怕就是下大雨打雷的時候，因為這 21 個山頭上的夫婦大部分都沒有讀書，也沒有什麼常識，被打雷被擊中的時候，太太總會跑下來說「老闆，我老公被雷劈死了」，老高馬上帶人上山搶救，把雷擊者移到地下，先放電，再灌鹽水，不久人就醒了，由於地處雷區，一場雷陣雨總要救好幾人。

　　坐在老高自己建的平房，說著說著眼見對面山上長出了一顆芭樂，原來老高把台灣的水果品種移來這邊耕種，他說這邊的山，就是他的印鈔機，其實一點也不為過，因為他的水果沒有農藥，供不應求，根本不用到市場去販賣，後來聽說他在後山也種了台灣的蘭花賺了不少錢，成為當地台商傳奇的故事。

當台巴子遇到攬客妹

　　上海人暗地裏稱呼台灣人為「台巴子」，巴子一詞就是鄉下人的意思，延伸為「就是看不起對方」，台灣人在大陸，其實大部分當地人，心裏是瞧不起的，原因很簡單，大陸讓利給台灣，台灣人利用廉價的勞工，賺取財富，而部分素質較差的台灣人，仗著有點錢而狂妄，夜晚生活糜爛，在市井

小民的一些感觀，而當司機的最能反映當時情況，到任何地方只要和司機多聊聊便知一二。

　　東莞是大陸台商最集中的地方，1999 年前後達到巔峰，台商迅速崛起、規模擴張，業務往來交際應酬，夜生活絢爛多采。約莫傍晚時分，阿發搭著常配合的黑車到東莞，車行經廣深公路增城段，沿著公路兩旁有行道樹，大約 20 公尺就有一顆樹，樹旁邊會看見年輕女子，司機說到，這些女孩子都是剛從家鄉過來的，因為身上沒有什麼錢，所以會在路邊攬客；等待存點錢後，就可以治裝到附近的小酒館去上班，這些小酒館小歌廳，環境不像星級酒店的夜總會那麼豪華，是一般的上班族喜歡光顧的地方，包廂極為簡陋，消費很便宜，喝的酒通常是白酒加話梅加冰塊，話梅先用熱水泡開倒入白酒，最後將冰塊倒滿一壺，這種喝法是台灣人發明的，是當地東莞台商的喝法，廣州台商喝法則大不相同，比較喜歡喝紅酒加七喜，紅酒大部分是長城干紅或者張掖干紅。

大樹下攬客妹
廣深公路兩旁行道樹下，女子路邊攬客

公路旁的小歌廳，這些女孩子極為年輕，都是從家鄉過來賺錢，生活極不容易，往往會拿火車票給客人看，說是剛從家裡過來的，這些客人則很容易就相信，有一次阿發問老闆「你們店裡怎麼每天都有從家鄉過來上班的女孩子」，接著又問「老闆你是不是有派人在各地找女孩子過來呀」，因為阿發與老闆很熟，老闆說實話「其實沒有啦！我每天有叫人去火車站收集火車票，然後回來發給這些女孩子」，由此可見，這種是做生意的方法，滿足「台巴子」的新鮮感。

這些夜場的上班女孩子，大部分還算乖巧，有的來自農村為了改善家庭的條件，來到大城市用自己的身體賺錢，也沒有所謂丟不丟臉，這些女孩子穿著的衣服，不會崇尚名牌，因為那個時候也沒有所謂的國際精品，背的包包也都是一般市場上僅有的款式，他們會把賺得錢寄回家裡，而對於家庭觀念非常強烈，他們休假的時候，就和家鄉的小姐妹們吃吃飯打打麻將。

小台商花心被教訓

在廣州新塘這一帶大部分的人來自四川，也有許多東北來的姑娘，當然分掛分得很清楚，他們很少會為了搶客人而大打出手，不過，對於小姐妹被欺負這件事，會展現很團結，許多小姐愛上了有家室的客人成為二奶，也有些嫁給了單身的台灣人成為台灣媳婦，但是也有很多的台商不好好做生意，每天燈紅酒綠導致事業失敗的，不在少數。

有個小台商因為單身喜歡交女朋友，惹上了麻煩，因按摩認識位河南女，兩人在一起一段時間後，資助女友到學校去讀書，後來這位台商出差到西安，愛上了西安女，河南女由愛轉恨，結合當地的「黑仔」，帶了一大票人到台商的辦公室要討回公道，黑仔老大放話說「我表妹懷孕了，要求賠償三十萬人民幣…」，一群人坐在辦公室的會議室不走，小台商呢接到助理電話，急急忙忙帶了個律師來協調，希望可以把事情圓滿解決。

幾天後，律師竟然出賣了這個台商，把行蹤告訴了對方，在當時律師雖然很缺德，其實是律師懼怕黑社會的勢力，小表妹良心發現了把這個訊息告訴了男友，並說「她也被黑社會所控制了，回不了頭了，也只能夠逃回她的老家河南」，也因此這位小台商逃離開了廣州。

行銷不得法 方便麵倒閉

大陸經商做生意，市場龐大，農民居多，但是他們們生活習性要多加瞭解，食品固然好賺，也不乏有很多鎩羽而歸的，阿發認為在大陸有三大類型的產業可以做，也比較會賺到錢，第一種大則恆大的企業，你的對手很難超越您，如台塑、鴻海、康師傅等；第二種則是產品具有稀有性，或是很特殊的東西，沒有幾家可以競爭的企業，如可口可樂，威爾剛等；第三種是有政府支持的產業，或者有政府行為在裡面的行業，諸如很多公司是那個部門的下屬企業，或者這家企業是那個領導的什麼人開的等等。如果您的行業～不僅大又很特別又有政府支持，那就妥了，當然愈大的企業有愈大的風險，在台灣企業做到最後，不是上資本市場，就是賣掉，不然就是收掉，這三種各自都有優點。

阿發在大陸的時間，常常一個人懶得出去吃飯時，就吃泡麵裏腹，大陸叫方便麵，大陸的方便麵都特大碗，主要是讓人可以吃飽，台灣的泡麵就比較精緻附料理包，讓人可以吃好；有一個關於方便麵製造商倒閉的流傳，大陸有名的方便麵，主要有康師傅、統一、日清等牌子，旺旺仙貝，農夫山泉礦泉水這些乃是台商比較知名的品牌，康師傅及旺旺不僅是同業的領頭羊也寫下了種種傳奇。

有一家陸資廠做起方便面來「康旺牛肉麵」麵餅多一塊，你們一塊，我兩塊；那個時候方便麵都會附贈一些小食品，康師傅附贈滷蛋，統一附贈榨菜，那康旺想出一個銷售辦法，買方便麵送咖啡，咖啡是隨著這幾年外資多了而進入中國大陸，咖啡文化在當時並不盛行，星巴克也未進中國市場，雀巢即溶咖啡在當時的超市不好找到，但無論是飯後或者下午茶，來杯咖啡是最幸福的享受，康旺看好這個市場，隨碗贈送，不送倒還好，送了反而吃壞了三十幾個農民，受到政府有關部門的檢討，最後罰款了事，原來農民將咖啡包當成調味包加在一塊，結果方便麵變成苦的，上訪時標題「苦的方便麵」。

康旺不氣餒，國家推廣一胎化，並防治愛滋病，河南農民特別貧窮，有的經過捐血而感染，實為可憐，所以康旺這次隨著國家政策走，推出買方

便麵送安全套，吃飽了再幹，結果這次更慘，吃壞了兩百多人，上訪時嚷嚷「領導您看看這是啥腸？人家康師傅是火腿腸，統一是熱狗腸，他奶奶的，這啥腸，嚼都嚼不動的橡膠腸！！」原來農民把安全套當成調味包一起泡上，經水沖泡後拉長了，從此這家康旺再也不敢做方便麵了！

民風淳樸 印象福州

文件傳真和到銀行領款這兩項應算是工作的基本常識吧!!但對民風純樸的福州職工來說就不一定。福州為福建省的省會，福州的市中心圍繞在五一廣場而建設，阿發初到福州看到的景象，感覺就像台灣的農村，民風還是很單純，穿著很樸實，男女大都穿著素色的衣服，大陸在改革開放前衣服大部分是屬灰、藍等深色系；那個時候婦女喜歡穿花衣裳，男的喜歡穿西服代表有身份，開車的司機打領帶，建築工人穿西服，袖口上的標籤不能剪代表名牌，反而那些大老闆穿得很休閒。福州有許多小吃和台灣相同，福州乾麵魚丸湯燉盅等。

阿發因緣際會來到福建福州，既陌生又熟悉，這裡的客商不多，主要原因是那時候沒有三通，而且大陸以深圳為試點，所以大部分的台商投資都以廣東省主要地，由於台灣的東和鋼鐵在福州投資了士鼎鋼構，東南汽車在福建設廠，所以大部分的汽車配套廠跟著來，福州東陽就是其中之一，阿發因為賣了天車設備給福州東陽公司，才有這個機緣來到福州福清市。

福建因地理環境沒有廣州深圳的繁榮，台資企業也不多，地方提供的優惠政策更為靈活，所以這裡的招商引資，政府都會極力的幫忙。他們常說「特事特辦」意思呢就是給予特殊的便利；福清市是在福州的旁邊，福清幫中國四大幫之一，據說這邊的人逞兇鬥狠黑槍泛濫。

福建人方言很多，在福州不一定講閩南話，閩南話在莆田以南，福州市有福州話、閩東、閩西等多種地方語言，即使福建人相互之間用語言交流也顯得困難，因此比較沉默、話不多，福州人的處世原則是：少說多做，注重實幹。一般比較少在公眾場合眉飛色舞地表露自己，所以也難以成為聚會的焦點人物。

　　那個時代的職工，不大會主動做事，通常是老闆交代什麼就做什麼，接著會在這邊閒著，福州士興公司的黃總經理，講起他遇到的情況：有一個大學生剛畢業來廠作會計，那天因助理外出，黃總請她幫忙傳一份傳真，因剛畢業也沒用過傳真機，黃總就告訴她「很簡單把話筒拿起來，要傳的文件反過來放進去，聽到嗶一聲，按鈕按下去，這樣就傳真過去了」，約過半小時，客戶打來罵，「沖啥小…傳一遍就好了，你傳三十幾遍，浪費我的紙…」，莫名奇妙被劈一頓，黃總出去一看還在傳，「妳在幹什麼呀」，會計回答「沒有呀，你不是叫我傳過去嗎，可是一直傳不過去呀，傳進去又跑出來，都弄了幾十遍了還出來…」！所以要就得怪自己沒講清楚，最終如何算傳真完成！

　　黃總接著講：還有一次領錢也出了大笑話，新會計沒領過錢，黃總告訴她「很簡單把現金支票拿過來，這裡寫一萬元後拿給我蓋章，然後請司機載妳去銀行，交給櫃台這樣就可以了」，過了一個小時回來，問「錢呢？」，會計說「我不知道呀，你不是說把支票放在櫃台就好了嗎，放好後我就趕緊回來了耶！」。

　　聽到這二個故事會讓人覺得不可思議，但在大陸普遍存在多做多錯，少做少錯，不做就不錯，這種大鍋飯的心態，其實源自中國經過文化大革命的洗禮，人們深怕說錯話做錯事，成為大部分的父母教育小孩的方式，當你不能武裝自己得先保護自己。鄧小平提倡改革開放，鼓勵人們朝向自由經濟發展，先將一部份人先富起來、發展才是硬道理、不管黑貓白貓能抓到老鼠的就是好貓，用生活言語去教化人心。

筧橋機場 邂逅東北模特兒

　　那一天，大霧瀰漫，航班無法起降，在杭州筧橋機場擠滿了人，阿發一個人提著行李要從杭州返回廣州，在機場外頭，驚鴻一瞥，與一位穿著紅色貂皮大衣、身材高挑，兩頰泛著粉紅的漂亮女生擦身而過，一轉眼就不見芳蹤。

　　在候機室等待百無聊賴，阿發找不到位子坐，於是四處找找，上下樓找了兩圈，終於看到那位女孩，她的旁邊正好空出一個位子，阿發坐了下來開始搭訕：

「您好！請問一下杭州飛往廣州需要多久時間？」

「大約二個小時！」她回答：

阿發心想太好了，她可能也是要飛往廣州的，幻想著「航站情緣」電影情節正要上演…。

突然廣播聲響起「飛往北京的旅客開始登機了」，原來這位高挑女子是要飛去北京，兩人匆匆互留下電話，不一會兒飛往廣州的航班也開始登機了，阿發多麼希望那場空中迷霧不要散去。

阿發曾把這段航站奇遇之旅，告訴了振佑機電林哲峰，他扼腕嘆息的說「你當初應該把她的登機證拿起來看看是不是飛往北京，如果是，再把你的登機證拿上來兩張疊在一起，把它撕掉，這樣不就當晚可以在一起了」，當然這只是茶餘飯後在說笑話。

筧橋機場是軍用機場，飛機停在跑道中間，阿發提著重重的行李走向候機樓，大概要走約200公尺

　　阿發因為賣設備給杭州的客戶，因此在杭州蕭山區這一帶待過一段時間，每次從廣州到杭州，飛機抵達筧橋機場，總停在跑道中間，阿發就得提著重重的行李走向月台出口，大概要走約 200 公尺，到了出口月台還得爬上兩層樓高才能出去。後來問了當地人才知道這是個軍民共用機場，那時的筧橋機場就在市中心，直到 2000 年蕭山機場建成使用，杭州對外的空中運輸就改到蕭山機場。

　　當時在杭州蕭山一帶的台灣人很少，小吃店的服務員大都是外地來的，他們對於台灣人充滿好奇，端著盤子邊說著「你們是台灣人？」，是啊，有什麼不一樣，女服務員又說「聽說台灣人不是都很窮嗎，都是啃著樹皮長大的嗎」，原來這些服務員的家鄉大都來自於比較落後的省份，他們從小受到的教育訊息就是台灣的人生活過得水深火熱，現在看到台灣人的穿著與他們印象中的不一樣，當然會產生好奇。這邊的人講話吳儂軟語，生活步調慢，杭幫菜為中國十大菜系，漁米之鄉伴著西湖美景，在杭州生活悠然愜意，中國俗諺稱「上有天堂，下有蘇杭」，流傳許多的文學著作，自古文人墨客多浪漫，至今杭州仍是最為歌頌浪漫愛情之地。

　　回到廣州期間，阿發憶起在筧橋機場一面之緣的高挑女子，回想杭州那位女服務員曾說對台灣人很好奇的事，因此就以台灣人之姿，打電話給高挑女子，兩人通過幾次電話後，她終於南下廣州與阿發見面，才知道原來她是位模特兒，名叫張美君，住在東北牡丹市，機場巧遇那次是她正好到杭州演出，大部分時間都在北京發展。模特兒這一行有很多不為人知的艱辛，除了身高還要有體態，對於身材和顏值的要求都很嚴苛。

　　張美君說：「平肩邁貓步不只要輕盈，手指比劃也要有美感」，現實比美夢殘酷，模特兒台前光鮮亮麗，背後付出的辛苦代價和辛酸並不是一般人可想像。

　　由於張美君來自牡丹江市，牡丹江市是黑龍江省的一個省轄市，與俄羅斯交界，所以這裡的姑娘比較洋氣；東北三省，地大物博盛產高粱、稻米、玉米等五穀作物，張美君有東北人的特質：高大、直率，說話不矯情不做作，由於受過訓練，個性上較為溫柔婉約，因她長住北京，阿發也因此多認識到京城的一些景點例如長城、故宮、天安門等。不過，阿發當時正在全力

拼事業，經常南來北往，電影航站情緣的結局不也是戰爭結束後，男主角可回家，那個不適合他的女主角也就各走各的人生道路。

十里洋場 上海女鋼琴師

2000 年十月，阿發隨著發展來到上海，那座曾經繁華的不夜城。上海人穿著很體面，本地人講國語的人很少，大都用上海話交談，上海曾經為英法租界城市，可以看到很多民國的滄桑，坊間流傳著杜月笙的故事，昔日十里洋場的風雲傳奇和滄桑歲月。

從早年霞飛路到現在的淮海路，百餘年來留下的別墅洋樓，錦繡歷史建築，一路上一整排的法國梧桐，都是那個年代的奢華記憶，20 世紀 90 年代初，淮海中路商業街全線大改造，上海瞬息萬變、蓄勢迸發，阿發剛到上海時，延安高架正在興建，浦東是一個大工地，外灘還是一片黑漆漆，沒有現在的五光十色，浦西一直以來很發達，商業氣息濃厚。

淮海路上一整排的法國梧桐樹是時代的記憶

　　阿發到上海常住在靜安區延安西路的美麗圓酒店，交通較為方便，那一天，剛洽公回來，到了晚餐時間，看到酒店大堂有鋼琴演奏，彈鋼琴的女孩非常有氣質，人又漂亮，阿發心想一會兒從外頭吃飯回來，一定要上前去搭訕，急急忙忙在旁邊的小吃店吃完麵條，回來後發現彈鋼琴的女孩不見了。

　　阿發正在沮喪後悔的當兒，這位女孩從辦公室走了出來，阿發問她「妳怎麼不彈了」，女孩告訴他「因為今天是飯店做活動的最後一天，她已經下班了，不會再來彈了」。經過一陣閒聊後，知道這個女孩是上海音樂學院剛畢業的音樂高材生名叫溫小蕾，不久前才剛開完音樂會，阿發告訴她來自台灣，準備在上海發展，但對於上海的環境不大熟…。

　　溫小蕾是傳統的上海姑娘，家住上海市區，父親早逝，與母親相依為命，家裡養了一條狗，從小學音樂，學的是古典鋼琴的樂曲，阿發每回看著她的音樂 CD，打從心底升起一股崇拜，阿發自慚形穢，自認文化水平太低，小時候沒有把書讀好。

　　對小蕾印象最深刻的是，她喜歡中國式服裝，又稱唐裝，2001 年 APEC 會議在中國舉行，江澤民就贈送給所有與會國的元首一套「唐裝」，小蕾對時尚有獨特的見解，她以藝術家的審美觀點認為穿著一定要有自己的品味，不一定要崇洋媚外，無法想像一個學西洋古典音樂的姑娘，對中華文化竟然如此熱愛和執著。

　　學音樂的小蕾很浪漫，天空下著毛毛細雨，她可以不打傘，兩人相偎相依在雨中漫步，讓阿發恍惚中宛如墜入徐志摩與陸小曼的愛情神話裡。

　　小蕾的氣質深深吸引著阿發，為了追求小蕾，說話速度也放慢了許多，為了贏得小蕾歡心，阿發經常邀約她吃飯，當時上海有一家很火的火鍋店叫做譚魚頭，阿發原本不吃魚頭的，而後也喜歡上這個味道；也為了她唯一一次留在上海吃年夜飯，大年初一才返回台北。拉回現實，阿發由於工作太忙碌，這段交往只堅持了半年，何況小蕾當時已有個未婚夫男友。

上海人給人的印象精明且很會做生意，不過總會繞著圈子兜半天才講出主要目的，倒是很講信用，相較之下廣東人做生意的方式較會包裝，甚至有些浮誇，因為靠近香港，做生意的方式比較急功近利。上海的消費頗高，無論是住宿吃飯玩樂，這裡有來自全國的精英份子，夜晚的上海，燈紅酒綠好不熱鬧，上海也是台灣人聚集最多的地方，大部分集中在虹橋這一帶，當時這裡沒有地鐵，出入的私家車都很高級，在百貨商場裡有大型的夜總會KTV包廂，這邊的女孩素質較高，在上海愛唱歌的大部分也都是台商。

從小蕾言談舉止讓阿發對上海女人有更深一層的了解，有句順口溜形容上海女人愛慕虛榮，「上海女人最多嬌，面如桃花心如刀；多情男子他不要，最愛大款和錢包」，自古以來上海因為某種程度的優越感，骨子裡有股傲氣，導致有些負面的批評，不過在阿發認識溫小蕾以後，這個觀念徹底改變了，上海的女孩子頂多是嬌生慣養，而大部分上海普遍的家庭還是過得很辛苦，比較好面子。

▌處世座右銘
好的開始就是成功的開始
成功的一半叫做失敗

CHAPTER 11

持盈保泰 見好就收

西進大陸的台商，20 年來經營企業遭遇非常多的起起落落，很少安全下莊，很多還在那邊苦撐，有些甚至成為台流。經營事業不要好高騖遠，持盈保泰見好就收，與時俱進適時地轉換跑道，歲月無情人都會老，中年過後想要再翻身談何容易？

阿發在大陸歷經吳江工廠、和平飯店、昆山餐廳三個企業，企業轉手就像在嫁女兒一樣，一定在女兒最漂亮的時候，追求的人才會很多，所以當企業最有條件的時候，比較有機會轉手。

跨業租賃 上海灘和平飯店

阿發的事業從台灣到大陸一直專注在「天車」及上下游相關產業，能和上海灘的和平飯店業務產生關聯，真是一個美麗的意外。

來到上海，必到外灘走走，夜晚，華燈初上，沿著黃浦江邊，沿路二十多幢風格迥異的百年各國建築，有羅馬式、哥德式、巴洛克式等，彷彿回到文藝復興時期。外灘昔日英、法租界時期留下來的洋行、領事館時至今日依然氣勢非凡地聳立，晚上燈光輝煌為上海重要的地標，有「東方華爾街」之稱。和平飯店就坐落於外灘和北外灘的中心地帶。阿發藉由友人介紹，了解到和平飯店的近代發展，也一直伺機想在上海做點事業。

和平飯店
位於上海外灘的歷史建築，也是上海的地標

富頓舉辦投資說明會

中佑通過台灣慕迪公司的輔導取得 ISO 認證後，阿發也與慕迪李總經理 Winner 成為事業夥伴，2000 年邀股合資成立「上海海雲公司」，拓展大陸的業務。海雲不只做認證也做輔導，並且與「上海和平富頓公司」做業務配合，代辦註冊登記公司等業務，海雲設在上海和平飯店的商務中心，和平飯店由南樓、北樓兩棟歷史建築組成，民初時為英法租界分界地，南樓較為老舊，北樓有上海最負盛名的爵士樂，南樓有複合式套房就是樓下是客廳、樓上是臥房，以原木做隔間，不過因為年代久遠走起路來會卡卡作響。

上海和平富頓公司專門舉辦一些企業家交流的活動，就是一些投資說明會，這些客商大都是外資企業為主，有銀行界的、有投顧公司的、有金主圈的…，不乏有些上市櫃公司的老闆以及政府經貿官員，他們介紹的標的物，以美國為主，配合本地金融機構作為擔保，也引起台商的興趣。這類的投資說明會，在當時的上海，並不多見，主辦方都會分析世界經濟的脈動，未來的展望，透過專題演講介紹資本市場的潛力，也會講解公司治理藍圖，如何提高公司的競爭力，知名專家講解與會者互動。

有一回，阿發受邀來聆聽他們的項目，彼此交換意見，阿發並不是富頓的客戶群，只是藉此拓展人脈，找看看有沒有合適的項目可以承包工程，說明會後，一定會有餐敘，每個與會的企業主大都會帶助理來做紀錄，阿發穿梭在各餐桌間，上海一家開紡織廠的老闆，帶來一位法務助理丹丹，這位身材高挑的姑娘，來自東北瀋陽遼寧大學法律系畢業，氣質出眾談吐非凡，深深吸引著阿發，丹丹後來成為阿發的太太。

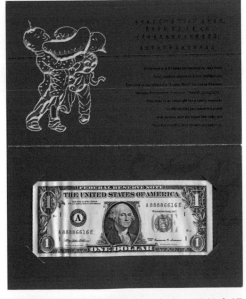

上海富頓投資說明會邀卡，內夾一元美金紀念品

和平飯店姻緣
上海和平飯店的投資說明會上巧遇丹丹，後來成為阿發太太

海雲跨業承包房間租賃

　　和平富頓承包了商務中心，主要服務台商西進設立據點，他們通常先設辦事處，隨著業務發展成立公司，所以客商選擇掛靠在富頓商務中心，有專人收發文件接聽電話，會議室可以使用，又可成為公司的連絡機構，方便洽商做生意，阿發看準了來往的台灣客商非常頻繁，所以海雲就承做南樓房間的租賃業務，類似旅行社在賣房間，也分包給許多台灣的旅行業者，承包制在當時是被允許的，只要上繳一筆錢給大樓的物業，就可以賺取差額的收入，和平飯店是具有歷史的特色，所以房間非常好賣，記得給物業的底價好像是人民幣二百多元，但是我們的房間可以賣到人民幣八百元，遇到重要節慶時還可以往上調，隨著上海的發達這項承包業務也收了回去，在這段期間阿發經常在和平飯店活動，遇到台灣的朋友總說他承包了和平飯店，能承包飯店房間租賃也算是從天車跨業跨很大。

昆山餐廳 大輪湘菜館

　　阿發年輕時曾在台菜餐廳「夜鄉空中花園餐廳」擔任服務員，但從沒想過有一天會在大陸昆山開餐館。起因是 2002 年幫朋友忙，結果接手餐館爛攤子，重整菜系穩定經營後，於 2005 年轉手給別人經營。

　　在大陸開餐館除了本業經營問題外，還會遇到各式各樣問題和形形色色的人，誰都得罪不起，稍有疏失都會讓你付出慘痛代價。

　　餐廳原本是阿發十八歲時認識的兄弟高至鴻找他幫忙的，高至鴻知道阿發在大陸經商好多年，說想在昆山開餐館，阿發重情重義，當然義不容辭幫忙，昆山是華東地區台灣人最多最集中的地方，餐廳地點選在珠江北路 108 號，旁邊就是體育館；店名取作「大輪」，台灣話的意思就是大賺錢，在大陸商號的名字取的越簡單越好。

　　早期昆山很小，就在火車站前面的人民路這一帶為市中心，後來的台商漸漸多了一直到發展到外圍鄉鎮成為一個大昆山，據說台灣人在這裡有十萬人以上，形成一個小台灣的生活圈，所以也有不少來自台灣的餐飲業，最有名的應屬黃河北路的小木屋台菜餐廳，這條餐飲街上有小苗燒烤、林家肉圓、東北水餃店等等，還有台灣人來這裡開的麵包連鎖店克莉絲汀，而位於隔壁條的珠江北路就極為冷清，夜晚沒有路燈，相對的有許多店面，空的出來，租金也較為便宜。

包商糾紛 各種關係得到位

　　在大陸找包商裝潢施工，千萬別以台灣的習慣和方式理解，合約只要沒寫清楚，就會導致所有的紛爭，在台灣若因施工品質不好可扣錢，但在大陸對那些素質較差的包商可就不一定了，為了幾十塊會大打出手，貨款沒結清，你也休想開店！

　　開餐館也能見到各式各樣形形色色的人，誰都得罪不起，那時台北很流行無煙火烤兩吃，昆山又是台灣人的大本營，開這種店一定會火紅，但油煙在外四散常有鄰居來檢舉，還有煤氣管線的安全架設，都是消防檢查的重點，除了內部設施，門面的裝修以及招牌得送城管局審查，總共有六個單位

在盯著管你，城管、消防、公安、工商、財稅、衛生局等每個單位，都可給你罰錢，都可讓你停業，關係得到位，該作的公關不能少，千萬別給自己添麻煩。

接手爛攤　賠錢了事

2002 年 5 月風光開幕的花籃佔滿整個門面，好不風光！好景不常時過一個月後每況愈下，來店的人愈來愈少，原本就沒有很多的資金下，約半年就拆夥了，最後整個爛攤子由阿發來收拾。

大輪餐館風光開幕，花籃佔滿整個門面，阿發主持開幕儀式

阿發長期在吳江工廠也不知道餐廳究竟欠了外面多少錢，有菜商、肉商、酒商的貨款，還有員工薪資，這些員工平時看起來乖巧，但是一旦積欠他們工資就賴在店裡不走，那天阿發趕到店裡處理，員工竟然將店門用鐵鏈鎖起來不讓阿發走出去，嚷嚷一定要收到錢才會放人，這種不文明的舉動，讓阿發嚇了一大跳，當天給了部分現金錢，並且給了承諾，這事才解決。

還有與酒商貨款，酒商老闆是台灣人娶了一位昆山人，平時和高至鴻常常混在一起，所以高至鴻跑了，只能找阿發要帳，不僅如此，當時餐廳的負責人是另一位大陸股東—陸瑩，陸瑩將股權讓渡給阿發女友丹丹，在讓渡書中也將大輪無煙燒肉店，以前所有經濟債務及所有法律責任全都推給了丹丹，阿發真的啞巴吃黃蓮，吃了悶虧，賠錢了事。

改菜系重新開始

重新接手後也決定改變菜系，丹丹經過市場調研，發覺吃辣的人口在中國起碼有三分之一，昆山外來的人口居多，然湘川菜較少，所以不惜重金，從湖南長沙聘請一幫師傅來，果然，如倒吃甘蔗般，生意蒸蒸日上，原本珠江北路是一條入夜後燈色昏暗人車不多的路，隨著湘菜館的火熱，街上一家家的餐館開張起來，車水馬龍，開始受到市政府的青睞，整頓改善整條街亮了起來！

餐廳的經營極為辛苦，最難的是管理，廚房的採買管控，前台服務人員的安排，常常傷透腦筋，這些女服務生如果鬧情緒，有時候不來上班，忙的時候人手常常不夠。

台灣的客人，如果是一對男女過來用餐，男的年紀大女的年紀小，感覺像情侶，那肯定有著特殊的關係，看買單就知道了，像夫妻的話都是由太太過去買單，如果是男的買單，那八九不離十肯定是情侶，本地的客人大多是家庭居多，他們點餐的方式一般會點的比較多，而且一定會點我們的招牌菜，例如剁椒魚頭、牛羊肉、毛血旺之類的菜色，台灣人還有一種習慣喜歡配菜，告訴你多少錢你照著配，而我們也很喜歡這種客人，剛好可以銷冰箱的庫存，然後我們再贈送幾碟小菜，這些呆胞就高興的不得了。

開餐館最怕遇到那些存心來搗蛋的客人，他們會在菜餚裡挑毛病，故意說太鹹或者沒煮熟，不然就說很難吃，有些故意放著頭髮或者小砂粒，然後換菜也不行，無非存心來白吃白喝，也得認帳；遇到政府一些小官員來吃飯，官不大但口氣倒很大，你如果沒有服務好，隨便給你拿個杯子到衛生局去，你就吃不了兜著走。

那時候有位部隊轉職的沈大哥很幫忙，剛回到昆山在公安局當刑警，由於他是老昆山人，所以當地政府機關各部門都熟識，一般的問題他都能擺平，也與他結下不解之緣，經常地帶朋友來捧場，也從不要求打折送菜，他經常說「你們這小餐館很辛苦，反正我帶朋友到那裡吃飯都一樣，所以不用特別優待…」，部隊出來的比較正直也比較有正義感，沈大哥後來當上千燈派出所的所長，台商若有事請託，他也都盡心盡力的幫忙，實在是一位好領導。由於聽聞昆山市政府規劃 2005 年將隔壁體育館改建，於是丹丹決定轉手給別人經營。

兩岸婚姻 成為大陸姑爺

出身貧窮的人都想早日出頭天，阿發也不例外，2003 年多采多姿的一年，除了完成終身大事；在惠州的一年半，阿發做為業主商亮公司白董事長的法人委託代表，對惠州政府協商一些優惠條件，以及相關各部門的溝通，在那段時間裡充分的學習到與官員打交道的一些技巧；空閒之餘也學習打高爾夫球；並且請了一位日語老師做單獨的培訓，因為當時公司開始承接一些日本人的業務，阿發婚後並沒有時間帶太太去度蜜月，但是在惠州的日子裡，兩口子過著甜蜜的生活，在宏觀調控的政策下，工程協調設計一個段落後，整組人馬回到吳江。

和平飯店 遇到一生的伴侶

和平飯店不僅見證上海灘百年歷史傳奇，也是讓阿發遇見相守一生伴侶的勝地，遇到丹丹，阿發從小孤單與漂泊流浪的心有了停泊的港灣，阿發有了成家的念頭。

丹丹，來自遼寧省海城市的姑娘，出身書香門第，畢業於遼寧大學法律系，與她認識在上海的和平飯店，丹丹的姥爺（外公）是遼寧大學中文系教授，退休後擔任遼寧省佛學院院長，培養出 32 位出家住持，在東北的宗教界有很威望，父親是地質局的幹部退休，母親早年經商，弟弟在公安局上班，雖稱不上名門望族，但也是大家閨秀，丹丹心地善良個性直爽，剛好可以和阿發互補。

在昆山大輪湘茉館生意穩定時，阿發與丹丹時常回瀋陽探親，來到東北瀋陽這個工業城市，看到的景象完全與南方不大一樣，城市較爲髒亂，人們講話特別大聲，東北話捲舌音特別重，有些地方諺語，阿發根本聽不懂，東北著名的二人轉，以趙本山最爲有名，也有許多弟子在當地的劇場演出，那些台詞很有趣，本地人聽了哈哈大笑，但由於聽不懂，阿發只能別人笑就跟著笑，東北人的豪爽可以從吃飯中感覺到他們的熱情，他們點菜會滿滿的一整桌，喝酒先喝白酒再喝啤酒，不斷地勸酒要客人喝好吃好，往往中午吃飯就喝醉了，晚上接著再繼續，然後領你去看二人轉，這就是東北特色文化。

大陸女婿 人生大會考

阿發第一次去拜見丹丹的家人，宛若經歷一場人生大會考，即便商場打混經驗老道，仍有一絲不安。

丹丹家在海城鄰近鞍山市，從瀋陽機場出發大約還要兩個半小時車程，這裡相當純樸，沿路上，沒有高樓大廈，最繁榮的市中心爲中街上的二百貨，丹丹的家就在這條路上一個六層樓建築的小區，進到了四樓，看到了岳父岳母，第一印象感覺特別親切，屋裡一大群人有姥爺、姥姥、二舅、三舅、老舅、大姨等長輩，還有平輩大表姐、二表姐、表姐夫等大約 20 多人，當天中午岳父母下廚包了水餃、土豆燉排骨、醬骨頭、羊蹄子…等等，都是最正宗的家鄉菜，阿發的酒量不算太差，剛好可以應付這些舅舅、表姐夫們，這個家宴，如同一場結婚大會考，不僅要喝酒，還得回答在座每一個問題，無非是關心丹丹的幸福，席間的熱情，至今難忘。

見過丹丹的父母也取得認可，兩人決定攜手共度一生，開始討論結婚的事項，兩岸婚姻有點複雜，在大陸登記第一步必須先在台灣的戶政事務所開立單身證明經由海基會認證後，再到女方的戶籍地民政局辦理結婚登記，同時要取得當地衛生機關健康檢查合格，主要是確保男方沒有疾病才能給予女方保障。結婚 登記證的照片，必須在規定的地方照相才行，結婚登記證不需要有見證人，只要兩人合意就行，本子是紅色的，相片背景也必須是紅色，2003 年三月，阿發與丹丹在大陸完成結婚登記。

大陸女婿
阿發與丹丹訂婚，阿發成為大陸女婿

　　同年七月，岳母藉由阿發的生日宴請親朋好友，席設海城大酒店，將這位來自台北的女婿介紹給大家認識，阿發爲了給丹丹驚喜，在台北的銀樓買了一只五分的小鑽戒，爲了不讓丹丹發現，藏在藥盒裡，當生日快樂歌響起，阿發牽著丹丹的手，深情款款，將戒指緊緊的套上，一輩子永恆的愛在眾人的見證下，得到祝福，阿發對著丹丹說「雖然我現在沒有很多錢，但我不會讓妳受苦，我會努力打拼，給妳最好的生活。」

　　阿發與丹丹這對佳偶，在這場簡單隆重的生日宴下完成了訂婚儀式，也是東北人家的傳統習俗。

台灣婚宴 遵循古禮

　　在台灣的習俗，比較偏向實質婚姻，也就是說要擺桌請客眾人見證才算數，先要上女方家提親下聘禮，拍婚紗照，接著要有訂婚儀式，然後擇日辦

理結婚宴請親友，這樣才能算結婚完成；阿發從台北帶媽媽、大舅舅及弟弟到海城提親，遵循古禮從台北做了大餅帶過去，分送給海城親友，兩邊家長語言上尚可溝通也互相認可。

媽媽說「我們家沒有太多錢，不過會把丹丹當成自己的女兒疼惜」，這門親事一開始岳母是有點意見，擔心女兒嫁那麼遠受到委屈怎麼辦，天下父母親，做父母的總是會心疼，阿發告訴岳母說「做丈夫如果沒有家庭責任，即使住在隔壁也會不幸福，但如果可以給丹丹過上好日子，再遠也就像在隔壁，現在交通這麼發達，隨時都可以回來⋯」。

這番話徹底感動了岳母，才同意了這門親事。2003 年七月在海城拍了婚紗照並且擺了幾桌作為訂婚宴，之後，丹丹以來台依親方式嫁到台灣，同年的十一月在蘆洲的典華飯店宴請親友。

雖然丹丹的家人無法來台，但姥爺寫了幅對聯表示祝賀「善緣萬里雲山永相為好、真曲瑤琴江山唯互知音」高掛在婚宴兩旁，在婚宴主持人的介紹下，少掉雙方家長上台，原因無他，主要是給丹丹心裡的感受好一點，畢竟結婚大事誰不希望父母親在場，礙於兩岸婚姻的無奈，來台手續相當不方便，要取得身分證還得等上八年，等有了身分證後才能接父母來台居住，這點是阿發相當不認可，兩岸本是一家人，對於大陸人士來台到處設限，處處以政治考量，做為小老百姓也無可奈何。

NOTE

▌處世座右銘

真話可以不講

但絕對不講假話

CHAPTER 12

漂亮轉身 扳手工變身
文化人

　　經過大陸十年的奮鬥，阿發成功脫貧，台灣有句諺語「娶妻前生兒後運氣會特別好」，果真沒錯，阿發好幾個事業都很順利，那時候已有點經濟能力，住家已經搬到大廈。

身心安頓　有土斯有財

　　企業的經營總會遇到不斷的挫折，沒有資本總是要四處籌資，做生意講究的是社會關係人脈背景，大多數社會新鮮人的創業，有父執輩的資助或者同學間的合夥，台灣再經過股票上萬點後經濟繁榮，大部分的企業都有穩定擴張的計劃，對於新設事業很不容易，試想同業間不可能讓對手壯大，何況是年輕人創業成為老東家的對手。

　　阿發一開始設立中佑公司，同行間並不看好，不斷地打壓要讓三個月內倒閉，甚至以台灣的諺語「呷嘸三把空心菜就想上西天」來嘲諷阿發，這句話的意思是說「功夫還沒有學到位就想要出來做生意，哪有那麼簡單！」的確，阿發是從一個人拎著皮包，開始摸索工程的技術，在沒有任何的資源下，只能翻開報紙，看著報導找客戶，雖然效果不彰，但每天還是兢兢業業，只要有相關工程哪怕金額小，或是他廠不敢承接的案件，阿發都願意配合，奮鬥只是為了讓家庭的生活條件能夠好一點。

　　「當你不順的時候，最好什麼投資都不要做，當你順利時要做投資才考慮」，就像感冒了身體無力，醫生都會告訴病人要好好休息，多喝水，同樣的道理。在昆山餐館經營生意不好的那一年，心情特別低落，有一回台北的友人介紹到內湖找一位大師，神準無比，可以斷今生論未來，阿發雖不迷信，但對於那位大師所講過的兩句話，至今還覺得有些哲理。人的運氣總會有起起伏伏，企業的經營也會有高高低低，所以，在不如意時，正是休養生息，學習的最好時機。

身心安頓

　　1994 年，阿發 23 歲，剛踏入社會，一位朋友拿了本林清玄先生所著「身心安頓」，給了他閱讀，原本看到書就很頭痛，這種書不都是在講那些人生大道理嗎？然因為友人的百般勸說，如果要走出過去，如果要改變思想，最後挑戰自己所沒有做過的，才會有成功的希望，小小一本書可以難倒你嗎？

　　阿發把那本書看完，並從中得到很多感悟，「身心安頓」一書林清玄用一些生活的故事，讓人沈靜心靈，原本因為環境的關係，小時候未與父母親同住，使得個性孤僻，憤世忌俗，書中告訴他學會放下，心存正念，要知上天是公平的，很多人的際遇比我們來得更悲慘，夫復何求，要懂得知恩惜福，年少時要把金錢物質看得太重，總想一步登天反而成天悶悶不樂，最後也是兩手空空，阿發直到退伍上班後才知人生路漫漫。

林清玄「身心安頓」一書，讓阿發得到很多人生感悟

　　如今二十多年頭過去了，雖不滿意成就，生活也還過得去，企業雖然沒做很大，但把家族都照顧好了，持盈保泰，呂純陽百字銘：養氣忘言守，降心爲不爲，動靜知宗祖，無事更尋誰，眞常須應物，應物要不迷，不迷性自住，性住氣自回，氣回丹田結，壺中配坎離，陰陽生反覆，普化一聲雷，白雲朝頂上，甘露灑須彌，自飲長生酒，逍遙誰得知，坐聽無弦曲，明通造化機，都來二十句，端的上天梯。

有土斯有財 文化起始之地

　　隨著面板工廠的飽和，以及同業的仿造，加上大陸民營起重業者削價競爭，已經毫無利潤可言，兩岸三地加起來的員工好幾百人，阿發思索著企業該怎麼辦，努力的這麼多年好不容易有點積蓄，如果再繼續賠下去將會一無所有。考量在這五年內台灣的 TFT-LCD 面板工廠，已經蓋得差不多，新建廠很少，公司營收明顯下跌，於是阿發逐漸的將規模縮小，並且將大部分的職工資遣，在台灣僅留下維護人員，善盡服務之責！

　　阿發白手起家，在事業小有成就時，不以爲自豪，也深自警惕謹愼珍惜得來不易的成果。人言年少得志，若無急流勇退，見好就收，最後有可能落得中年失敗家道中落，然後要東山再起，時間及體力、智力已過了階段，想成功一千人中出一位吧！

　　與太太商量既然餐廳已經轉讓出去，惠州的開發案也告一段落，於是決定大陸吳江的工廠就轉讓交給同業繼續經營，將多餘的資金在海城和台灣同時置產，有土斯有財。投資房地產，從台北著手看房，台北那時候信義區還沒有形成，最熱鬧的除了年輕人喜歡的西門町外，就是東區忠孝東路四段這一帶，而住宅區較高級的地段集中在仁愛圓環。

　　阿發的第一棟房子就在仁愛路四段獨棟的四樓透天厝，這房子雖然老舊，不過因爲地點，價格非常昂貴，原屋主是一位玉如意珠寶行的老闆娘所有，因爲鄰居不願意改建爲大樓，且租金昂貴無人出租，所以才對外出售，當時價格不斐，原本阿發規劃一樓店面出租，樓上當住家，但後來從事藝文工作，也就裝修成爲「悅寶文化會館」，成爲阿發從扳手工變身文化人的起始之地。

第一棟房子
仁愛圓環這棟透天厝後來裝修為「悅寶文化會館」，成為阿發文化藝術策展的起始地

家庭圓滿 教孩為樂

　　丹丹嫁到阿發家，婆婆把它當成親生女兒看待，丹丹學不會台語，婆婆知道後，換她去學國語，婆媳之間的融洽，取決於做丈夫的態度，阿發在與丹丹「處朋友」的時候（處朋友就是東北方言～戀愛的意思），他總會在要回台的機場買些特產帶回去給媽媽，然後告訴媽媽說這是丹丹買給妳的，而從台北要去大陸時，阿發也會買點東西送給丹丹，說是婆婆買給妳的，所以兩個人都會很感動，這就是阿發給兩邊做足了功課。

　　丹丹寬容大氣，這是阿發在選擇人生伴侶的最大因素，人的外表美貌會隨著年紀的增長而衰老，人與人相處在於個性上能不能互相包容，丹丹不是那種嬌生慣養，她認為侍候公婆是她的責任，把家庭照顧好是她的義務，對於小孩的教養是她的天職，但由於兩岸的學習課程不同，大陸國文的教法以拼音為主，台灣則是以注音，所以教導小孩子就成為阿發的工作，也引以為樂。

姥爺調教 文化薰陶啓迪

第一次見到姥爺是在東北海城丹丹娘家，姥爺八十幾歲，穿著樸素，慈眼善目悲天憫人，一生茹素莪育英才，姥爺屬於地方學者，中文造詣高，精通佛法。（姥爺是東北人對外公的稱呼）

每回陪著丹丹回娘家，姥爺總會手把手，教阿發一筆一劃的寫字，每每花好幾個小時，阿發心裡好溫暖，享受到祖孫間彌足珍貴的疼惜。姥爺教阿發從握筆臨帖乃至字形變化，想將幾十年功力全部傳授予阿發，看得出姥爺對阿發的寄望很高。

寫字其實是一種運動，氣養丹田運用在指尖中，寫字不只養生，還可以讓頭腦清晰，所以自古書法家皆長壽，書法在家隨時皆可進行的，阿發回到台北平時臨摹「張猛龍碑」、「泰山石金剛經」等，主要是在練筆的骨力。

阿發在姥爺調教下，臨帖學習書法

姥爺送給阿發的見面禮是一幅他的書法：「日日青絲白成雪，任君常照莫蹉跎，妍媸不亂存晶體，古鏡藏眞何用磨」，這首詩的意思大致是「年輕的時候要多奮鬥，不要虛度光陰而白了頭，在照鏡子的時候勉勵自己，人的

美與醜與鏡子無關，既使是一把古鏡子也可以反觀自在。」阿發一直把這幅書法高掛在客廳中間時時督促自己。

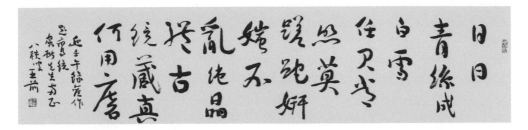

　　阿發常以姥爺的學書自得論自勉「夫學書者必當在得筆法之後而深於氣質與性靈之修養，然後其所書自會清空凝重，老到不俗，於是心淨如秋水筆下常無痕者，焉何以致此耶，首宗六朝得法於碑之骨氣，繼而參之，以晉人之神韻走碑帖結合路徑，上追篆隸體兼眾妙精能之極，反造疏澹如如自在，縱橫於自得者矣。」，初學書法即學人字，懸腕提筆，提中按行中留，全部的氣力在於筆尖，氣定神閒，每每練完幾幅字就滿身是汗，但也如沐春風。

　　姥爺王前是名書法家也是遼寧省佛學院院長，在他的薰陶下，阿發接觸了文學，佛法教化人心的道理，姥爺常說當你有點成就的時候，應該幫幫那些弱勢朋友，弱勢不光是指那些窮人家，行善不是沽名釣譽，很多的文人也是弱勢的一族，這番話激起了阿發從事藝文工作的動機。

陳朝寶之畫　成兩岸文化推手契機

　　結婚以後開始順風順水，也購置了台北新辦公室，在看風水的命理先生王老師的建議下，辦公桌後面最好掛上一幅風水畫，這幅畫必須要有大山，有瀑布，水從上面流下來後，要緩緩地平流不能太湍急，王老師解釋道，大山代表有靠山，瀑布的流水由上而下，代表財源滾滾而來，流到下方剛好在座位上，所以水要平緩，代表能夠守住財帛。

　　阿發聽從王老師的建議，透過一位畫家經紀人 Tony 馮，找到台灣的漫畫家及當代繪畫藝術創作者陳朝寶，陳朝寶旅居法國 19 年，2002 年剛從巴黎回來台灣，他的作品涵蓋東方傳說以及西方繪畫技巧，融合了現代水墨與

油畫發展出其獨特的個人創作風格。陳朝寶的畫作畫好之後，就在阿發辦公室懸掛起來，的確，氣勢磅礡。

陳朝寶的山水畫作就懸掛在阿發辦公室

　　因為一幅陳朝寶的畫作，開啓爾後的「悅寶文化會館」，走上文化藝術之路的契機。阿發從一個專門為高科技公司設計建造無塵室起重機的台商，優雅轉身成為兩岸文化策展人。也幫陳朝寶規劃了兩岸的展出：

❖ 2006 年在「悅寶文化會館」發表喜來寶‧開幕展

❖ 2007 年在北京中國美術館發表「風雲再起」作品展

　　陳朝寶三十年的創作歷程，他的創作內容已經混合多種了技法，更或許是因為他曾經舉家遷徙巴黎，在繁華花都的十九年間，他經歷人生順逆起伏、情感視野大開大闊的時期，從他的作品中，處處可見中、西方繪畫技法的兼容並蓄，尤其他的水墨畫更有別於傳統。他敢於嘗試一般人所不敢，將從前的創作方式不斷的解構、還原；看似西方的樣貌意境，但畫中的暈彩墨色卻是渾然東方元素，這些都是陳朝寶作品中最耐人玩味之處。

左：陳朝寶2006年在「悅寶文化會館」發表畫作，媒體大幅報導。
下：前文建會主委(文化部長)邱坤良，李奇茂大師一同歡慶開幕

　　兩岸文化策展的工作正是落實姥爺所說，當你有點成就的時候，應該要回饋幫助那些弱勢朋友，行善不是沽名釣譽，很多的文人也是弱勢的一族。從陳朝寶「風雲再起」畫展，也激起阿發共鳴，重新省思、再出發，時時提醒自己對從前的功名成就，不需再盈盈掛懷，要更謙卑再學習。這也促成阿發決定 2007 年前往日本名古屋去短期遊學。

學習之旅 ECC 日本語學校寄宿生

　　2007 年阿發決定前往日本名古屋去短期遊學，一方面看看日本的市場，有沒有好產品可以代理回台灣，另外，由於與日本人有生意上的來往，但是語言常常礙於溝通，另一方面可以將自己沉澱，藉由這次的遊學，讓自己再回到從前過著那種苦日子，算是對自己的另一種訓練。在三月份大女兒的出生，家裡多了一份喜悅，四月份陳朝寶「風雲再起」北京的展覽也圓滿落幕，家裡及工作上沒有太多事可以忙，八月下旬利用這個空檔，在太太丹丹的支持下，阿發成了 ECC 日本語學校的寄宿學生。

　　ECC 日本語學校位於名古屋「榮」，這個地區非常熱鬧，和台北市的西門町差不多，這裡沒有小吃沒有夜市，大部分是拉麵店或烏龍麵店或者是

咖喱飯居多，名古屋的特產是鰻魚飯，阿發在這兩個月的遊學中，不是拉麵就是烏龍麵，而日本成田同學有幾次帶著阿發去品嚐鰻魚飯，還有炸雞，這個就是在這裡做學生最高的享受。

　　在日本的這段時間裡，應該是最無憂無慮的日子，沒有工作上的煩惱，也沒有來自家庭的壓力，專心做了一個快樂學習的學生，跟著日本人的生活步調，也結交一些來自各地的同學，越南、歐美、大陸，各自都會講他們國家的風情，我們用生澀的日語交談，加上比手劃腳，非常有趣，日本的老師教學活潑，不過每天都會有考試，考試不及格會留下來罰寫，所以每位同學都很認真，阿發沒有語言天份，幾乎天天被罰寫，有時候下課的時間很晚，回到寄宿家庭常常沒有飯吃，寄宿家庭的媽媽有規定，超過七點她就不留飯了。

ECC結業時，老師送的合照，學員在上面寫下祝福

寄宿西岡崎

　　阿發並沒有住在市區，寄宿家庭接待男同學，都是屬於比較鄉下偏僻的家庭，從住的地方「西岡崎」到市區學校通勤大約一個小時 40 分鐘；由西岡崎的家裡先走 15 分鐘的路到火車站，乘火車到了市區後換乘地下鐵到榮，火車乾淨舒適沿途沒有高樓大廈，日本郊區的房子大部分是兩層樓蓋的，一樓是車庫、洗衣間及遊戲房，二樓是廚房客廳與起居室，阿發的房間在車庫後面的小房間，窗戶是落地窗不能鎖，睡的是榻榻米，大約五平米左右。

西岡崎火車站在日本名古屋的一個小鎮

　　白天把小桌子當成學習桌，晚上將小桌子是收起來，舖上棉被睡覺，這個房間原本是家裡小孩的遊戲房，也是寄宿家庭媽媽教導小朋友學習的房間，寄宿家庭的小孩很調皮大概只有三歲，很喜歡來煩阿發，可是他語言又不通也不知道要講什麼，寄宿家庭的爸爸是百貨公司的職員，每天都喝酒差不多 11 點才回家，早上早早就出去，所以阿發碰沒幾次面，假日的時間阿發也都到學校去自習，因爲學校的學習環境比家裡好。

日本寄宿家庭
阿發到日本名古屋短期遊學，住在ECC日本語學校寄宿家庭

　　日本的傳統家庭吃飯很簡單，早餐就發給你兩片餅乾一杯咖啡，有時候會做點麵條，但是份量都很少，晚餐比較豐富不過也就是兩道菜，有時候寄宿媽媽會做御飯糰或者是散壽司，日本人很重視養生，很少喝飲料，在家裡都是喝白開水，日本的家庭水龍頭的水是可以直接喝的。

　　日本對於垃圾的分類很講究，阿發住在那裡，看到了他們把廚餘集中，塑膠盒一定會沖洗乾淨再放到垃圾袋裡，家裡的打掃很認真，每天都要求一定要用吸塵器把各個角落清掃過一遍，浴室也是乾濕分離，浴缸裡面的熱水是用來泡澡，進入浴缸時必須要把身體沖乾淨，泡完以後要蓋起來，以方便下一個使用。

　　日本人有泡澡的習慣，這跟台灣比較不大一樣，他們認為泡澡不但可以舒壓而且促進血液循環，所以洗澡對他們來說是非常享受，阿發有幾次來到日本拜訪株式會社時，他們招待客人的方式，也都會到郊外去泡溫泉，他們喜歡大家一起泡，不過比較不一樣，他們會圍著毛巾，有些朋友穿著短褲下去泡，比較有禮貌也比較衛生，不像台灣的三溫暖大家都脫光光浸在一起。

大阪訪神內

　　株式會社神內電機製作所，是一家老牌的家族企業，專門生產起重機械的捲揚主機以及相關配套件，他們擁有多項世界專利，例如航空站維修飛機用的懸掛起重機、TFT-LCD 面板工廠專用的起重機以及特殊搬運設備，並且不斷地致力研發新產品，總社位於日本大阪市淀川區，新大阪車站位於區內交通便捷，風景秀麗，有著名神社，也有繁華的商業中心。

　　阿發到大阪拜訪神內會社，總是由取締役植田先生出面接待，植田先生快 70 歲，是傳統的日本人，接待客人的方式不會分年紀大小職位高低，他們認為來者是客，首先會拿出地圖介紹日本地區的著名景點，然後在講講有趣的日本小典故，在正式會議上他們是很嚴謹也很嚴肅，看待問題會一再的確認再確認，他們還有一個優點，勇於承擔錯誤，很講誠信，所以跟日本人做生意，信用是最重要的，日本人應該算最有禮貌的，只要你走到哪該部門的全體職員會起身問好，離別時送客人到門外，目送你直到搭車遠離，這種景象會讓客商很感動，所以合作會很安心，這就是說日本的企業文化已經帶動他們科技的強盛。

　　日本人態度非常的謙卑，在職場上服從上司命令，他們展現大和民族的團結精神，日本的公司大都稱「株式會社」，就是股份有限公司的意思，會長就是董事長，社長是總經理，取締役就是董事，再下層的職位就是部長、課長，不像現在華人的公司頭銜一大堆總裁，還有執行長、營運長、財務長一大堆長，台灣老派的大型企業，像台塑南亞一位經理管好幾萬人，由來也是承襲日本，日本的公司有好幾百年的，很多公司名字去取創辦人的姓氏，例如阿發的合作廠商神內電機製作所，神內就是指神內家族，現任社長神內權三郎，是第三代經營者。

　　日本有櫻花季和楓葉季，春天時櫻花盛開，日本會在櫻花樹下席地而坐，然後吃著外送的套餐，喝著清酒賞櫻花，據說這也是招待最高級客人的方式之一。而楓葉季就在秋天，滿山片野一片紅，風景非常優美，阿發非常喜歡嵐山公園，那裡有清澈的小溪流，有古老的日式房屋，生活的步調很慢，人們很友善，賣東西的阿婆很親切，只會講日語，但他們的日語口音很重，不好交談，但是微笑就是最好的語言。

櫻花樹下野餐
日本在櫻花樹下野餐喝清酒是對客人最高的待遇

▌處世座右銘

可以不是朋友

但絕對不是敵人

Part04

翻轉時尚
科技台商耀動再起

MF Live 生活館
「MF」Made in future
翻轉時尚品牌
發跡於荷蘭阿姆斯特丹

人定勝天 有夢必達

馬斯洛的人類五大需求提到，工作的目的最開始是求生存，而最上層是精神層面的需求。傳統產業的經營與文化藝術雖是有段距離，但阿發在閒暇之餘經常接觸，再則姥爺是教育家、書法家的引領下，也就自然而然進入文化領域。

非科班出身的阿發，思考較為跳脫，沒有專業策展人受制於藝術理論或藝術家思維的框限，藝術策展人的稱號乃由中國國家畫院劉勃舒院長所賜，策展人唯有「真誠」，發揮公關魅力善用人脈，話語話術的技巧靈活運用，所策之展受到產官學界的重視，鬼谷子言「成大事者，必懂謀略」，策展何嘗不是呢！

創紀錄取得臺師大國際時尚碩士，成為母親的驕傲，也成為孩子學習的榜樣，身教重於言教，這是金錢無法取代。《了凡四訓》的根本：命運可以改變，阿發因為輟學更加努力，用最高的標準，雙指導教授加上口試老師馮明珠院長的肯定，英雄不怕出身低，「人定勝天」，心中有夢必會達成。

● 翻 轉 人 生 ●

Chapter 13 北京驚奇之旅踏上文化策展之路

Chapter 14 補足學識學分 GF-EMBA 讓專長振翅飛揚

Chapter 15 數位變革 翻轉時尚

北京驚奇之旅踏上
文化策展之路

　　一幅旅法畫家陳朝寶的山水畫作開啟阿發走上文化藝術策展之路的契機，而北京釣魚台國賓館之遇則接通了兩岸文化交流的渠道。當時中國大陸經濟起飛，2005 年連戰先生的破冰之旅，為兩岸的交流合作奠定了基礎，也因讓利台灣，掀起了雙邊藝術家的交流，能到北京中國美術館、國家博物館舉辦展覽成為台灣畫家一生的夢想。

北京釣魚台國賓館 驚奇之旅

　　2005 年 11 月的北京城已進入初冬，阿發和丹丹出了機場，朋友胡歌開著奧迪 A6 警備車來迎接，車頂上面有個移動的紅色警示燈，右窗上多了塊紅字的警備牌，據說這種車牌全北京只有 100 台，胡歌沿著路開，北京堵車很常見，胡歌按著喇叭，拿起了車上麥克風高喊著「前面的車讓一下」，不一會自動讓出一條通道，車子經過天安門一路橫行霸道，胡歌看阿發一臉狐疑，他說「我這車是部隊的，警備牌照的車，可以進入中南海」。

釣魚台國賓館驚奇之旅
阿發乘坐北京特權警備車，長驅直入釣魚台國賓館

　　約莫晚上六點，車子來到了釣魚台國賓館，這裡是接待各國元首和重要客人的超星級賓館，古代皇家園林及現代國賓館建築群，完美融合著中國古典與現代建築格調與情趣，大門有配槍的保衛，胡歌按了喇叭，保衛看了下警備牌，就敬禮開門，在這大庭院有許多棟，阿發雖好奇，只敢用眼睛四處偷瞄，不敢隨意亂走，這裡不對外營業，入內後，精美的雕刻，原木的包間，門檻有花鳥走獸，領檯穿著紅色旗袍，親切的招呼，包間裡的圓桌細緻高雅，所用瓷皿，工藝精湛樸實。

釣魚台國賓館是接待各國元首和重要客人的超星級賓館。
包間所用的瓷皿，工藝精湛，宴客桌上一定有烤鴨這道菜餚。
北京釣魚台國賓館類似台北賓館，用來接待外賓。

　　在北京宴客宴請一定有烤鴨，只見胡歌拿起了一瓶50年的白酒，上面寫著特需專供，瓶身是駝色沒有任何貼標，問阿發「白酒行嗎？」，「特需專供」四個字代表權勢與地位的意味不言而喻，專供酒有兩種，專需專供為首長用酒；特需專供則是最高等級，省部級別拿得到特供一般不外流，其中一位老先生說「50年茅台呀，這好，國宴酒」。胡歌逐一介紹在座的賓客，有周恩來的老秘書趙煒、中國畫研究院劉勃舒院長伉儷，趙俊生老師伉儷，還有些局長大約有十位左右。一陣寒暄過後，胡歌開始介紹與會貴賓的背景，當時阿發聽得也不大懂，只知道是文化界的老前輩，話也搭不上，反而

是太太丹丹和他們比較有話講，劉院長的夫人何韻蘭女士與丹丹甚爲投緣，聊得天南地北不亦樂乎，局長們喝酒豪邁，劉院長幾杯下去後也熱情起來了，時而拿起中華煙，與阿發抽，朋友又從包裡拿出了一條白色沒有標籤的煙，爾後才知道是熊貓煙，濾嘴很長，酒酣耳熱下大家一下子就很熟絡。

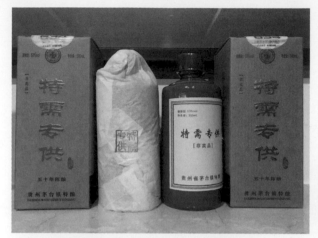

在釣魚台大酒店晚宴 特需專供50年茅台國宴酒

專訪中國第一代的漫畫家華君武

　　釣魚台國賓館之宴隔日，胡歌帶著阿發和丹丹，說要去天津看一位老先生。到達時老先生已經坐在那裡等著客人，經胡歌介紹才知道這位是中國第一代的漫畫家華君武先生，華老家中擺設簡樸，對於我們前來的這些小輩，熱情接待沒有架子，這位90歲的慈祥老人，舉止儒雅，幽默風趣。

　　華君武是中國第一代的漫畫家，以簡單易懂的漫畫爲抗日宣傳，是一位愛國主義者，華老先生曾在他的自傳《漫畫一生》中寫道：「我自幼喜歡繪畫，但一畫靜物，就很狼狽，總也畫不像，喜歡用比較隨意的、寫意的手法畫畫。這符合我的性格，最終我選擇了漫畫。」老先生平易近人侃侃而談，看著阿發帶了許多特產，老先生隨手簽了本書並送給阿發一幅《井底蛙》作留念，畫裡有一口井上面跳出了一隻青蛙，華老在畫作上題了一首打油詩「人人都誇天好大，見了青天又害怕，接出井口擔風險，不如任坐井底下」，這幅畫可隨心境各自解讀，鼓勵小青蛙，不要擔心跳出井底是危險，你可以

驕傲地抬頭觀看更廣闊的風景，勇敢地跳出狹小的世界，去擁抱生命中寬廣的風景！

　　阿發何其有幸能得到漫畫家華君武的墨寶，臨走時老先生說來趟不容易，就在這林風眠的畫作前面拍張合照吧，留下了這張難得的回憶。

左：華君武先生送給阿發《井底蛙》作留念

下：2005年訪中國知名漫畫家華君武老先生於天津家，中間為華君武老先生

穿過雍和宮 訪忘年好友劉勃舒院長

　　中國畫研究院院長劉勃舒是阿發的忘年好友，「藝術策展人」的封號，就是劉勃舒賜予的，阿發一直推辭不敢當，自認不是科班出身，劉院長堅持並教導阿發許多辦展覽的訣竅，例如如何開場白，如何做結語，如何致謝詞，並傳授很多技巧。

　　劉勃舒與夫人何韻蘭是中國美術界，具有重要地位的伉儷藝術大家，對阿發一路調教與提攜，何韻蘭是一個真誠的長者，有話直說並且會指出你的缺點，她把阿發當成自己的小孩，給予從事文化應該注意的工作事項，並且介紹許多國寶級人物給阿發認識，其中一位游本昌先生，是大陸家喻戶曉著名的男演員，最早扮演濟公的影星，這幾位是阿發每年到北京一定要去探望的老人家們。劉勃舒與何韻蘭的著作中，把阿發形容是一位海峽兩岸文化公益者，在他們大陸舉辦的巡迴展覽中，也不吝嗇提起阿發這位策展人。

　　劉勃舒接任中國畫研究院院長以來，一直很關注臺灣美術的發展，2005年底，阿發和陳朝寶到北京訪劉院長，當院長看到阿寶的畫作時，讚嘆不已稱許陳朝寶是位風格獨具的畫家，很適合在中國發展；接待臺灣畫家江明賢時深深發覺，臺灣的文化底蘊深厚，五千年的中華文化在台都可找到元素，臺灣畫家在大陸的能見度不高，主要是辦展不易，這個問題應該努力思考⋯，劉院長勉勵阿發多朝這方面努力。

　　劉院長不只接待台灣的畫家，也並常替國家接待許多外賓，例如1988年英國柴契爾夫人訪中央美術院時，就是劉院長負責接待導覽，他與油畫家靳尙誼先生爲同校優秀生，靳尙誼擔任美協主席時，劉院長爲副主席，院長不僅有學術上的地位，也不吝提攜後人，爲兩岸所敬佩的長者。

1988年陪同撒切尔夫人参观中央美院

英國柴契爾夫人訪中央美術院，由劉劉勃舒院長負責接待導覽
圖片來源：翻拍自劉勃舒八十藝術展文集

　　阿發只要到北京，一定會去探望這位忘年好友劉勃舒先生，他家住雍和家園，去他家一定會經過雍和宮，雍和宮的秋天，天空很藍，與黃色的銀杏相映襯，紅色的宮殿廟宇，夕陽照在那個宮殿的屋頂上，金光閃閃，美得像一幅畫；安靜、清幽，與二環路車水馬龍形成強烈對比。深深的宮殿，寺僧絳色的喇嘛伴著古老的白檀木大佛，曾經班禪和達賴到北京時在此講經佈道，近年改革開放下，回歸傳統文化，善男信女拿香祈福。

　　劉勃舒是徐悲鴻的閉門弟子，以書法畫馬為擅長，他畫的馬是屬於新疆「汗血寶馬」，汗血寶馬善於奔跑日行千里，所以在他的畫作中常常會出現萬馬奔騰急，獨樹一格，劉院長與徐悲鴻先生這段師生情，起緣於十多歲的時候寫信給徐悲鴻，之後成為他最年輕的門生，院長畢業於中央美術學院，後來接任李可染成為中國畫研究院第二任院長。

　　有一次阿發到北京看劉院長，發現他家客廳牆上掛的竟然是「萬馬奔騰急」的複製畫，原來劉院長把他這幅真跡留在台灣送給阿發做紀念，這種情誼，阿發一時有說不上來的激動。

劉勃舒院長把「萬馬奔騰急」真跡送給阿發做紀念

「藝術策展人」最大的榮耀

　　對藝術家策展五大條件：一、必須為美術本科畢業；二、在學術單位服務；三、列舉開過的展覽；四、收藏畫作的代表；五、特殊事蹟或貢獻。

　　2005 年回到台灣從事兩岸文化交流，十來年做了許多重要活動，從策展大陸國家畫院老院長劉勃舒先生畫展，在劉院長的指導下而成為獨立策展

人，進而策劃佛光山與大陸文化部合辦的首屆海峽兩岸文化遺產節、協辦北京大學中華文化論壇、策展臺灣師範大學名譽教授江明賢的大地行吟畫展等等，由於從事文化交流也結識不少美術界的前輩賢達。

2013年佛光山-海峽兩岸文化遺產節，活動期間貴賓雲集，並榮獲政府高層賀聯為活動增光不少。

「藝術策展人」的工作，在於事先了解美術館的展廳位置，展線長度外，場地費用如何爭取減免，展覽時看板費用、刊物費用，開幕式的費用等，在大陸一不注意，往往追加很多不必要的支出，另外美術館的收藏證書也分有兩種，一為購藏證書，二為收藏證書，購買金額各個美術館也有上限的標準，這點是台灣畫家所不了解的，最後，開幕式的安排，阿發所舉辦之展覽能邀請到官方領導致詞剪綵，對阿發而言就是最大的榮耀。

2007年春末，阿發為陳朝寶在北京中國美術館舉辦「風雲再起」個人畫展，台灣畫家鮮少能在中國美術館辦展，除了得有好作品還得要關係到位，阿發掌握了關鍵資源，找對人做對事，善用官方優勢，這是與台灣傳統的策展人最大不同。台灣的畫家，本地市場的需求性不高，藝術市場的風氣，缺乏官方支持力度，往往畫展很少有政治人物前來觀展。阿發的功能在於能把台灣的畫家帶到北京的展覽館取得能見度，將大陸的畫家帶來台灣做文化交流，間接的互相拉抬，但是由於是公益性的策展人，比較無法提供商業上的幫助。

藝術策展人的阿發
展場的空間決定畫的排列，畫作的高低位置取決於人的視線，阿發與工作人員一起佈展

　　阿發雖然不是專業的策展人，但是對策展條件極為嚴苛，首先會評估創作者是不是本科畢業，有沒有在學校教書；有無在哪些公部門的場所展覽過；最後是誰收藏他的畫作；最好是一些公立的博物館或美術館，這三個條件是阿發堅持最基本的，也因此獲得這些高尚品德的藝術家們極大的信任。阿發不辦聯展，聯展容易得罪人，辦得好的話是應該的，但是如果沒有把畫家照顧好，人家就會怪罪你，每個人的作品都要求最好的位置，開幕式的座位也是非常難安排，相對的個展就沒有這些問題。中國這些知名畫家們在學術上大都做出貢獻，作育英才為主要任務，提攜後進也不餘其力。有正確的觀點，無我利他，時時刻刻站在畫家的角度去琢磨思考，在沒有策展的日子，逢年過節到府問候，老先生們總是很開心，「沒事多聚聚，有事打電話」，日後每場畫展的開幕式，這些好友不要求車馬費，並且號召同好共襄盛舉。

從事兩岸文化特展，最大的困難在於政治上的障礙，大陸的中國美術家協會屬於半官方領導，台灣一些藝術團體屬於民間組織，例如大陸文化部對外組織了中華文化聯誼會，與台灣交流，台灣的文化部沒有規劃對外組織，形成不對等，大陸有中國文學藝術界聯合會，台灣有中華文化總會，但是形同平行的兩條線，並沒有合作交流，民進黨執政後兩岸不相往來，文化交流也因此中斷，大陸的畫家宣揚黨的理念，也不大可能來台灣展覽。

中華文化論壇　領航兩岸交流平台

2014 年時，也不知道哪來的勇氣，阿發跑去北京和大陸文化部說他想要辦一個海峽兩岸文化合作論壇，他說到兩岸目前有國共論壇、海峽論壇、紫金山峰會這些國家級論壇，文化方面卻付之闕如，港澳台辦聽了他的想法，並說北京大學好像也是要辦一個類似的文化論壇，李副主任熱情的促成在「友誼賓館」的兩岸雙方會談，北京大學國際關係學院李教授教育界和學術界人脈廣，阿發在文化藝術界的朋友比較多，就在雙方攜手努力下，於2015 年底舉辦第一屆「中華文化論壇」，阿發就論壇議題提交論述，以獨特見解受到肯定，年年收錄於北京大學論文集，而「中華文化合作示範區」入選研究要報，論述與王在希、蘇起並列。

2020 年因新冠疫情防控形勢，第六屆論壇採取"雲會議"形式，以線上和線下相結合的方式在北京大學舉行，台灣只有高雄有分會場，海內外暨兩岸專家學者和文化界人士分別以參加主會場和分會場研討、視頻連線、提交論文等多種方式共襄盛舉。阿發協辦第六屆中華文化論壇，前行政院長劉兆玄、前中華文化總會秘書長楊渡、前故宮博物院院長馮明珠預錄演說視頻，阿發以「樹遠根連」為主題發表，以杭州為中華文化合作示範區的試點論述，杭州是歷史古城、浙江省會，概略有七大優勢如風景、人文、教育、美術、戲曲、動漫以及科技，亞洲最大的動漫館在杭州，倘若示範區可以實現，它將提供兩岸藝術家交流的平台，形成文化生態圈。文化源於一中，大陸與台灣，就像相隔的兩顆樹，看似遙遠其實根是連在一起的，樹遠根連；兩岸藝術家專場向來是中華文化論壇的亮點，藝術家透過視頻對話交流，氣氛熱絡，中華文化論壇在平等對等下召開，沒有中共國歌，桌上也沒五星旗，只有討論中華文化創新與發展。

第六屆中華文化論壇暨兩岸藝術家論壇在京舉行，阿發以「樹遠根連」為題發表視頻演說

　　中華文化論壇是兩岸文化學術交流的重要平臺，兩岸學者、專家透過這一平臺，對中華文化的傳承、創新、認同、實踐等進行充分交流，取得了豐碩的學術成果。阿發認為中華文化在台根深蒂固，沒有經過文革，基本的民俗文化都保留下來，從廟宇文化深入民心，宗教教化百姓，這片土地的人民淳樸。反觀大陸雖大，但社會落差有距離，通過兩岸文化合作，加強這些通俗文化交流，延續著歷史文脈，維繫著民族精神。

　　國家級的中華文化論壇，大陸學者都爭先恐後想要來，能受邀參加，代表你具有一定的學術地位，北京大學一直與台灣的知名大學有學術上的交流，所以他們對於台灣的這些學者都相當熟悉，只是北京大學政治文學法律比較專項，藝術這一塊相對陌生，有些知名的畫家、音樂家他們知其名不知其人，所以，北京大學在做這一場中華文化論壇時，特別開闢了藝術家交流專場，主要提供給兩岸藝術家去做一些項目合作，例如展覽或是創作上的問題都可以互相切磋。

　　阿發藉由中華文化論壇的召開，除了訓練自己的寫作能力，也將所思所見化為文章，提交給組委會，他以民間人士表達對於文化的看法，並在中國評論社受訪中，闡述自己的理念。每年論壇的召開都會設定主題，也會分議題，供兩岸學者做深度的調研與探討。能催生一場成功的策展，來自內心無比的成就感，這種被人尊重的感覺，是金錢無法取得；文化策展雖然不能取得大量的財富，但是文化界的朋友相交到老。

掌握關鍵資源 兩岸文化策展辦出新高度

阿發對藝術家提供幫忙，沒有利益對價關係，不以辦展為獲利，所以深深感動了這些大牌藝術家。事業的成功，轉而幫助藝文界，兩岸藝術交流受到官方的支持，開創與藝術市場不同的交流區塊，每年帶領不少學者，北京大學交流，並且擔任許多文化協會重要職務，在文化領域產生了自我價值。

阿發雖非科班出身，但洞悉市場法則，「掌握資源、善用優勢」，大陸的中國美術家協會屬於半官方機構，國家畫院、北京畫院有政府的資金支持，倘台灣畫家到大陸辦展，又能到北京，而開幕式上又能邀到這些文化界大老與會，對畫家在歷程上的記錄乃至畫價提升勢必有所幫助。

部落動漫化 文創藝術時尚化

2019 年星宇航空機上安全影片採用各種奇異的角色動畫演繹，造成了一波話題，讓每個觀看影片的人，都能在動畫裡找到自己的角色，將最重要的「飛安觀念」深植人心，不只會看完，會記得安全指示，還會記得角色們，這就是動漫的趣味與魅力。

星宇航空的飛航安全影片以動漫表達

照片來源：截圖自星宇航空機上安全影片 STARLUX Airlines

　　這讓阿發思緒拉回 2015 年，當時台北建成圓環面臨拆除或者是委外經營的問題，當地的里長很憂心，因爲圓環是老台北人的記憶，他認爲圓環在地活化，是不是可以改成文創之類的會館，所以輾轉找到了阿發。圓環早年爲台北小吃、美食重鎮，經過兩次大火，三度改建，後來成了蚊子館，阿發認爲圓環應該打造具有一座具有美食街和動漫，並以動漫作爲情境的動漫露台爲主要方向，活化整合在地資源及台灣動漫產業潛能，成爲新地標「台北圓環動漫館」，經過找團隊完整規劃寫成「台北建成圓環未來再利用營運計劃」，也引進了日商東販出版社特地來台考察，雖然大同區 21 位里長聯名支持，但可惜圓環後來於 2016 年底難逃拆除命運，屬於市民的共同情感及回憶逐成爲歷史記憶。

2015年台北圓環動漫館外觀示意圖

　　動漫是動畫（Animation）和漫畫（Manga）的合稱，日本動漫憑著劇情的創新和趣味性在全球佔有著重要地位，是世界動漫文化的先驅。台灣文化部雖然在 2018 年實施「漫畫輔導金」，扶植 ACG 創作（Animation 動畫、Comics 漫畫、Games 遊戲）、影視改編計畫，在台北華陰街成立「臺灣漫畫基地」，但尚無法形成規模進而商業發展。政府與民間都希冀望學習日本動漫文化，促進在地文創產業。不過，任何文化的進程絕非一蹴可及，需要數十年，甚至數百年的光陰積累而成，當文化發展成產業，更需要異業合作才能培養出健全的產業鏈。

泰雅部落傳說史實

在宜蘭南澳看到的泰雅文化園區，有手工傳統藝品，配上幾個人的原民舞蹈，參觀的人寥寥可數，還都是上了年紀的人，靠著政府機關補助，無法產生效益，活絡經濟。泰雅部落族人生活單純，男人狩獵，女人織布種田看家；木造的房子多暖夏涼，前面開大門，後面則是密合無窗無門，以防止被襲擊，左右兩側窗戶的設計，可讓人從內爬出。據文化傳承人說，若敵人從前門攻擊，房內的男子會從窗子爬出再從敵人後方出草（獵首）。他描述當地人的住居，從外觀來看房子略小，但泰雅人在房內往下挖掘約一公尺，產生高低落差使冷熱空氣對流；房間四角設置四張床，近門口為男主人，武器置於床的四周；女主人在「gaga」這頭，平時利用土制織布機製作傳統服飾，門口的左側床通常睡著長輩，後面角落處則是小朋友的床。

泰雅族有幾個特別的習俗，如果人在家中過世，斷氣後得馬上埋在自家床底下，如此可保護遺體不被破壞，逝者也會保佑全家；若是戰死在外面，就只能裹樹葉放在郊外。「gaga」是泰雅族最重要的文化核心；「gaga」下方在三個石頭，中間燒木頭象徵生生不息，上方的四方掛藍可放置武器，唯女子不能觸摸，否則會受到祖靈懲罰。相傳泰雅部落碧候村人非常凶悍，驍勇善戰，用箭如神，百步穿心，許多部落受其侵略，至今流傳著許多真實故事，但部落的故事一代一代的流傳，也一代一代的漸漸消失，最後變成「文史記載」。

左：台灣原住民族分佈圖，圖片來源：中華民國原住民知識經濟發展協會
下：「gaga」是泰雅族最重要的文化核心，也是一種社會規範，是泰雅族人約定俗成的誡律。

部落動漫經濟轉型

全球精品年輕化，代表著市場在於年輕人，國際精品業討論如何吸引年輕人的目光，這個概念下，部落的轉型經濟，也應該如此考慮，讓青少年為之興趣的就是「動漫」，從小我們看卡通，一百年以後卡通還是會存在，卡通就是動畫片，動漫一詞就是會動的漫畫。部落行銷若以動漫片製作，「動漫泰雅」將畫面的場景以深山密境為背景，將原始房子，狩獵砍柴，織布種地，村落開拓，武士決戰⋯通過劇情的編排，做成一部有趣的卡通片，接著動漫 IP 與手遊業合作，推出部落手遊將勇士名為「哈勇」、「尤幹」為主角對決，通過商業行銷讓手遊紅火，諸如三國、封神榜發展出的遊戲已有上百套，部落手遊也可以如法炮製，進一步也有機會成為國際級「電競」。

因為有武士格鬥，進而在原泰雅地規劃「極限運動」並發展「傳統競技」進而帶動了當地的觀光發展。原民 16 族，16 族分別有不同的故事，將來集結後，在西部直轄市，打造一座「原民動漫館」進行國際行銷，結合觀光旅遊業航空業做多元次的發展。

動漫館除了展示動漫相關作品之外，同時也應規劃進行一系列的培育課程，養成一批青年專才，他日即是台灣對外「文化軟實力」的根本，成為全台最重要的動漫重鎮，打造「台灣的秋葉原」；賦予動漫產業的未來性，進一步與各國動漫基地締結姐妹館，讓學子、學者、業者擁有國際觀；動漫館營造部落行銷、培育人才計劃，將再活化、整合在地資源及區域動漫產業潛能，成為城市漫遊中心新地標。

此外，將原住民族美食結合動漫角色，推出令人耳目一新的動漫美食料理；另有動漫輕食吧、飲料吧等可服務不同的飲食需求；館中將打造動漫露台，露台中包括原住民動漫人物雕塑及造型；加上綠化意象概念注入；假日，動漫露台亦可提供當地社區居民活動租用，與在地情感連結。

進一步，通過立法「動漫產業獎勵條例」讓民間更多的企業加以支持，企業的宣傳片、行銷片通過本土動漫製作，政府給予適當租稅減免。阿發相信此舉可以擴大效益，讓這些原住民的青年一展所才，進而結合影視產業，創造出經濟效益及其他無形的附加價值。

▍處世座右銘

英雄不怕出身低，

人定勝天

命運可以改變

心中有夢必會達成

CHAPTER 14

補足學識學分GF-EMBA
讓專長振翅飛揚

　　阿發從 25 歲創業以來，在商場上的爾虞我詐，在大陸獲得良好的際遇，除了高人的指點外；還有貴人的相助；加上小人的找碴刁難，最重要還是自身很努力。由於清寒子弟出身，相當珍惜奮鬥積累的成果，因為從事傳統製造業轉型極為不易，因此見好就收，持盈保泰，身心安頓。

　　在阿發事業有成之餘，進而學習書法，欣賞藝術，在家庭與工作間找到一個平衡點，利用文化武裝自己，在內心的深處，可以彌補早年輟學的遺憾。

超難進！臺師大國際時尚碩士班

　　2016 年 9 月臺灣師範大學管理學院開設全國第一所【跨校 / 跨學院 / 跨界】的「國際時尚高階管理碩士在職專班」（GF-EMBA）。臺師大國際時尚碩士班的核心領域為全球品牌、國際行銷、時尚管理，培養「美」、「美感」、「美學」為產業核心的中高階經理人才，建構一流學習平台，提升藝術、美學及文化素養與管理能力，將臺灣時尚產業推向「全球時尚」的國度。

　　阿發看到「國際時尚在職碩士專班」成立的消息，報考條件不用文憑只要有特殊的貢獻就可以用《吳寶春條款》來報考，這個條款主要是在社會上工作了很多年，不需要有大學文憑，通過自身的努力得了很多獎或者是參與很多慈善活動，不用考筆試，只要書面審查及面試通過。

　　阿發自忖，從 2005 年 ~2015 年陸續從事許多文化活動應該也是算對社會有點貢獻，自信滿滿準備了很多書面資料，報考了第一屆 GF-EMBA，面試當天非常緊張，由於報考人眾多，有名模演員、立委、議員，還有知名的設計師、藝術家等這些強者，個個在專業領域上有傑出的表現，所以，阿發名落孫山，果然如傳言中的超難進 !! 不是阿發太弱而是對手太強，而且準備不夠，答非所問，這一次的經驗，阿發知道輸在那裡。

面試如商場 直球對決

人生沒有放棄的理由，在哪裡跌倒就在哪裡爬起來，阿發相信有朝一日一定可以進去那個窄門，鬼谷子說：「成大事者，必懂謀略」，猶記當年考上木柵高工的「三更燈火五更雞，擬定策略全力以赴」，經過商場歷練的阿發已非昔日吳下阿蒙，經過自我分析後，開始閱讀大量文章、在媒體發表社論，每年在中華文化論壇提交論文，選入北京大學的論文集，此外也訓練口條表達能力。經過二年準備，有一天 GF-EMBA 執行長夏教授來訊息，希望阿發可以再來報名第三屆，實在忐忑不安，在夏教授的鼓勵下，再次送出書面資料，並且有江明賢、林章湖、黃進龍三名教授向學校提交推薦函，再次取得了面試資格。

準備的過程中，請教師大的教授友人，該注意的事項，大概會提問的問題；教授友人說到考試委員會由自我介紹中發掘問題，所以得清清楚楚地表達，曾經做過哪些事蹟，產生多少影響，大方地講，不必謙虛保留，他們想錄取的，就是充滿自信有所為的學生，另外準備一本自己的簡介，在口述的過程中讓考試委員們更加留下深刻的印象。

面試如商場，直球對決，四位考官為校長張國恩、夏教授、周教授、余湘老師。夏教授開頭「阿發，現在你自我介紹時間三分鐘」，阿發先發了簡介，然後一開口侃侃而談講了八分鐘，從小到大的過程及辦過那些活動，其間多次被夏教授打斷，阿發總講「好，教授我馬上把這段講完」，阿發心想面試費 1300 元比按摩還貴，總得讓我講吧，反正把時間儘量用完，讓他們少提問，雖然會扣點分，但總比答不出來好，當講完第一個問題時，校長張國恩問「你已經這麼優秀，幹嘛還來師大？」

阿發回答「我會開店，但我不會煮麵，我要通過正統的學習，成為真正的專家。」

當場余湘老師、周教授、校長點點頭，夏教授接著 「好，謝謝您」，隨即起身離開，當下阿發直覺錄取了。

當阿發通過面試，放榜的那一天，久久不能自已！終於相信人的命運可以藉由為善而改變。

臺師大面試
阿發參加臺師大國際時尚碩士班面試，侃侃而談足足講了8分鐘

臺師大國際時尚碩士班 粹鍊精進

　　阿發有幸錄取了臺灣師範大學國際時尚碩士班，走進大學的校園成爲一位研究生，是從未想過的事，於 2018 年九月入學，阿發終於實現夢想第一步，來讀 EMBA 的，有二種人，一種是來拿學位，一種是來交朋友的，阿發因爲年少輟學，很積極的來拿文憑，上課特別用功，勤做筆記，上課不久就開始組織自己的論文方向。由於阿發小時候跟著阿嬤在雙連賣麵，後面就是火車平交道轟隆轟隆的聲音伴隨著他成長，到大陸創業又坐了上千架的飛機，40 幾年下來，右耳朵長了兩顆膽脂瘤，開刀後失聰，因此，阿發在教室總是坐在第二排，老師講什麼聽得比較清楚，也喜歡發問。

　　臺師大國際時尚碩士班所邀請的師資都是結合學術界及產業界時尚業界龍頭及各領域精英，阿發非常珍惜與師長同儕的互動切磋，來讀國際時尚的研究生，都臥虎藏龍，個個來頭都不簡單，阿發把握每一次的期末發表，完

成包括 PTT 製作以及全部講解。有幾堂課及海外參訪都讓阿發獲益良多，猶如打通任督二脈般觸類旁通，無比暢快。

阿發在GF共識營教大家如何往上跳

阿發畢業，送給老師論文及好米禮盒，圖為廣告教母余湘老師

精品鑑賞與評析──當代最流行的時尚

　　1924 年 11 月 5 日末代皇帝溥儀被逐離紫禁城，1925 年 10 月 10 日故宮博物院肇建。於 1948 年～1949 年故宮文物分三批運送來台，1953 年北溝山洞庫房完成，從此國寶在此安全的渡過 16 年，直到位於台北陽明山下外雙溪的故宮博物院 1965 年在國父誕辰紀念日正式對外開幕，在故宮的上層正門上方「中山博物院」的門額依舊掛在那邊，歷史的傳承是抹不去的記憶，現今的故宮經過五期的擴建，並且在 2015 年臺灣嘉義縣太保市的故宮南院對外開幕，故宮已經成為世界上著名的四大博物館之一，也是臺灣多元文化源流極重要的一部分，回溯歷史，其承繼數千年中國文化之珍稀，肩負開物成務的重大使命。

　　台北故宮博物院成立後，精彩的中華文物也隨之曝光，驚艷國人，而故宮的文物，一直是先進國家借展的對象，更於 1935～1936 年的文物，一直是先進國家借展的對象，從在中央博物院籌備處起在各地展覽中，中華文物的精彩，1936 年轟動全歐洲，往後陸續俄羅斯、日本等故宮文物所到之處，紛至沓來萬人空巷；另外 1983 年秦孝儀院長開啓了故宮文創的先機，不僅

帶來營收，也讓這些國寶能夠豐富多元，成為家中收藏品，也成為各界美術館仿效的模式，而近來故宮開放了文物免費授權，在網路上既可下載，讓這些文創工作者有更多的題材，節省不少經費。

「精品鑑賞與評析」堂課喚醒了阿發對中華文化的認知與傳承的重要性，文物若非先人用盡心力的一代傳一代，還有費盡苦心的遷移來台，才能保存如此完好，呈現在我們眼前。由故宮博物院馮院長娓娓道來，才知道故宮裡的國寶如此珍貴，文物經過講解才瞭解到歷史背景，文物如果擺在哪裡，沒去研究很難知道它的價值，精品與鑑賞這門課實在太有意義了。

從漢代開始，歷代把絲綢、茶葉、陶瓷帶入歐洲，中國的陶瓷舉世聞名，因此有了「瓷之國」之美名，英文名 China，日本稱支那，可見中國瓷器影響全世界數百年；瓷器在古董鑑賞界中為最難的一門學問，原因無他從化學成分而言都取得到，但從燒製方式的工藝複雜度，有些已經失傳，例如宋代汝窯，世上僅存不多，藏於故宮有 21 件，「全世界最精最美全在這，雨過天晴雲破處，這般顏色做將來，真是國寶中的國寶…」，看到「汝窯青瓷溫碗」十片蓮花瓣，無論是色澤、工藝還有溫潤的冰裂紋舉世無雙。

北宋 汝窯 青瓷蓮花式溫碗　圖片來源：台北故宮博物院

陶和瓷是不同的，陶為較低溫燒製，大都為一般百姓家用，較為富貴人家才用得起瓷器，而在皇室用的稱為官窯，民間用的為民窯，老師說道，官窯講究精美，有時作為贈禮，在青花瓷中常見有花鳥龍鳳之類，龍的繪製分有五爪、四爪、三爪，一般而言五爪當然是皇室用，一般民窯不能燒製，但四爪、三爪也有可能是官窯，因為是皇帝賜給外史或是朝廷命官，根據歷

史學家研究，張騫出使西域後，開通絲綢之路，中國瓷器傳到中西亞，青花的藍白色調，也大量呈現在土耳其建築上，全世界收藏元青花最著名的博物館，以土耳其的托普卡匹皇宮博物館（Topkap Saray）最多。

這些國寶隨著國民政府來到台灣，博物館的設計恆溫恆濕，而且要防震，保存到現在多麼不容易，尤其是那些絹畫經過了幾代人的努力，看這些文物瞭解到歷史，各朝各代的文化充分在字畫間找到脈絡，那個朝代所代表的就是那時最流行的時尚，讚嘆中華文化如此精湛，台灣有故宮真好！

韓國首爾參訪之旅──世界的時尚脈動

GF-EMBA 的教學之一就是海外參訪，讀萬卷書行萬里路，所辦安排韓國首爾參訪之旅，深化研究生對於世界的時尚脈動，藉由參訪能夠提升自身所學增廣見聞，除學校見學外，企業參訪，還有著名教授講座，學習韓國時尚產業的發展脈絡，踏察都市景觀建築…五天的行程收穫滿滿。

首站來到東大門設計中心，聆聽弘益大學 Cha,Kang-Heui 教授的演講，講題：Innovation Through Design，教授不僅是位學者，也兼任韓國工業設計協會理事長，在他二個小時的精彩演講內容，彷彿上了二個月課，如醍醐灌頂，腦袋的思維頓開，教授說到 21 世紀是設計融合的時代，剪刀及手套各種的變化法，冰箱的主要功能是冷藏食物，但冰箱不一定是方型的，也不一定只能擺在廚房，如果擺在客廳，當你在看球賽時，可以隨手來瓶飲料，更為便利，所以現在的設計概念是如何更貼近使用，有別於過去的設計是以性能為構想，教授又以垃圾桶為例，從傳統到腳踏式再到趣味性的投籃垃圾桶…設計就是要有不同的想像。

Cha 教授長期幫 LG 作設計，也舉出各種例子，強調軟性資源，培養觀察周邊所以事物的洞察力如：在韓國的學生喜歡在咖啡廳裡閱讀、Amazon已經不只是線上銷售、Tsutaya 賣的不只是書是文化、手機不止是電話功能等等；並且應該從第三者的觀點看事情，在 2019 年就應該往 2030 年去設想的設計思維；最後不要忘記任何事物的本質，如椅子的基本功能是～坐、容器的基本功能是～裝東西，在設計中一定得滿足本質後才能創新價值。

　　「東大門設計廣場 DPP」為首爾新建築地標，雄偉的建築，無縫流水線形，外觀採用鋁合金版一片片連接而成，曲線造型，屋頂面防止積雪，全館無柱設計，密閉空間但透風，寬廣挑高幾何線條，偉大設計師 Zaha Hadid 之鬼斧神工令人讚嘆，不僅是時尚朝聖地，也成為多部偶像劇拍攝之地。

　　參訪首爾大學由設計學部主任 Jung,Eui-Chul 教授接待並解說，首爾大學成立於 1946 年，舊址原本在市中心，由於學生民族化，為防止學生滋事，1975 年移到現址，但醫學院在舊址，首爾大學在韓國為面積最大，共有 17 個系所 31,972 位學生，Jung 教授演講中提到設計應以人為本，以人為中心且要有創意性，設計人才要直覺直觀的思考，發覺問題以及提出發問對於學習都是很重要的；生活中可以思考不同的角度，例如陰天，教授的形容是天上的雲朵一起在說話或是太陽害羞的躲起來，比喻得恰到好處。

　　接著走訪韓國設計振興院，1970 年由韓國產業工商資源部設立至今，2013 年成立北京分部，2018 年成立越南分部及 2019 年廣州分部，韓國設計振興院與台灣的工研院有點類似，都是中央政府撥預算，提供與產業研發合作的單位。

　　漢陽大學參訪，接待的校方人員非常熱情，甫下車就先行參觀了校園，見到了創辦人總長金連俊紀念室以及其墨寶～愛之實踐，金先生的書法別具一格剛健有勁，見字如見人，可以見到金先生的堅強之意志力；來到了教室，裡面的桌椅非常有趣，各類的幾何桌型與台灣傳統的教室不大一樣，這樣有趣的教室更加有助於學習。

　　校方安排了二場講座，其中一場在講電視購物如何結合時尚，韓國有三大 TV 購物分別是 GS、Cj 以及現代，經營方式大略相同並且互相 Copy 行銷策略，彼此互相觀察對方良性競爭，韓國的 TV 購物產值很大，在特定的時間，獨賣商品，知名藝人與設計師合作推出自有品牌的時尚時裝並且每年舉辦時裝周展演，對於自有品牌的回購率佔了 89%，CJ 是較早推出自有品牌的時尚服飾，經營的策略牢牢抓住消費者的購物心態，如果錯過了 TV 特定時段，也可到手機通路購買，手機的設計界面滿足消費者的好奇感。阿發終於知道韓國的時尚產業超越台灣不是沒有原因，從教育著手才是最正確的方向，值得深思！

GF-EMBA的教學之一就是海外參訪，所辦安排韓國首爾參訪之旅

品味、文化與生活──聖母院之借鏡思考

在「品味、文化與生活」這門課，老師的作業題目結合時事：從巴黎聖母院失火引起全球關注一事反思，台灣有什麼「文化物件」（建築、典藏、儀式）的損失，會引起跨文化世界其他社會類似程度的共感？為什麼？

阿發在作業中提出個人的看法，雖然沒有到過歐洲，對聖母院的建築也沒有什麼概念，只覺得這起公安，對於古蹟災後復原，法國政府的重視度以及企業的響應讓我們感動。台灣著名的建築物有國際知名度很少，最高樓101是商業地標談不上歷史建築，若是要有幾百年的古蹟，應該屬於廟宇。

巴黎聖母院是856年歷史的「巴黎之心」，2019年發生大火牽動全法國人民的情感，更引發全世界的關注。圖片來源：維基百科

　　廟宇較爲有名的是龍山寺、行天宮、鎮瀾宮…爲代表，早期寺廟內部以成立委員會所經營，後來因爲捐款多了，爲了方便管理以及不受政府管控大都成立了財團法人組織來規避，廟宇信奉的神明較多的爲媽祖、關公、觀世音菩薩、城隍爺、土地公…等，這與台灣自清朝以來長期爲殖民統治有關，人們缺乏安全感，從早期家家戶戶裝設鐵窗可以窺知一二，信仰帶來人心安定！

艋舺龍山寺在臺灣寺廟建築中，充分反映與時俱進的營建技術、流行紋樣與傳統體系融合的代表作品，兼容傳統與創新思維之作，爲國家古蹟。　圖片來源：龍山寺官網

　　而大型佛門聖地，信徒更是濟濟，如星雲大師佛光山、唯覺老和尙中台禪寺、聖嚴法師法鼓山、證嚴法師慈濟道場四大山頭，皆以財團法人基金會所持有，以弘法教化人心，這股宗教力量，每到選舉皆可看到這些政治人物無一不去朝聖，尋求信徒支持，這也是選舉的一大特色！

　　台灣的廟宇、佛門聖地比起巴黎聖母院各有千秋，雖是不同的信仰，但皆有其宗教文化以及藝術之美，聖母院是天主教教堂，哥德式建築，內部珍藏了許多重要文物，而政府致力推廣及維護不惜餘力，反觀台灣政府對於古蹟保存及宣傳遠不及西方國家，好在民間團體的奉獻才能興盛。

　　我們得省思爲什麼不能好好的利用這些寺廟建築來做大做強觀光產業，配套政策，大陸任何一處古廟都發展成文化產業園，日本的寺廟拜形不拜

體，金閣寺、清水寺各類小寺，結合自然美景賞花祭或者小溪流水何處不是禪，發展旅遊觀光，台灣真的可以借鏡思考，別人能我們亦能。

台灣是座寶島，這座島嶼本身就有無數文化，我們有美麗的山脈，碧藍的海岸線，台北最近的陽明山，每到例假日管制車輛，如無通行證不得進入，原因是道路狹窄，而這個原因存在幾十年，我們要問政府有真正充分利用這些天然資源嗎？真正振興觀光產業嗎？

雙指導教授 加倍嚴格檢視

阿發在師大求學過程中，遭受很多質疑眼光，尤其是那些有品牌或做設計師的同學常常說「這種土包子，小混混也配來讀我們 GF」，言下之意，好像是阿發通過關係走後門進來的，私下的竊竊私語傳到阿發耳邊，阿發並不太在意，畢竟每個人的成長環境背景大不相同，阿發非常珍惜能進入臺師大知識殿堂的學習機會，秉持「凡走過必留下痕跡，入寶山怎能空手而回」，他在內心暗自立誓「不僅要挑戰自己，而且還要創紀錄」。

在北京中華文化論壇期間，阿發向張國恩校長、許和捷教授提出論文構想，得到肯定，和捷教授爽朗的答應願意擔任指導教授，並會以教授的專業來協助完成論文撰寫。和捷教授擔任過總務長對於校園的規劃再了解不過，並且是設計學系教授，也是複合油彩藝術家，對組織、對建築、對美學非常熟稔。和捷教授教了阿發許多寫論文的技巧，那時距離開始上課不到半年。

阿發帶張國恩校長（右四）和許和捷教授（右三）去北京大學出席中華文化論壇

　　和捷教授為更加強化阿發的論文找來董澤平教授作為共同指導老師，董教授是文創專家特聘教授，專長是創意產業投資與經營管理及文創園區規劃，在指導阿發論文上提供了諸多看法；而在畢業考試除雙指導教授外，按校方規定另得找校外委員擔任主考官，經與和捷教授討論後，就中華文化，故宮博物院馮院長是最適當的人選。

　　經過了八個月，阿發向所辦提出論文口試的申請，當然大家都不相信，大部分人讀 EMBA 提交論文，總是會等都修完課以後再來寫，一般論文最基本要有五個章節，教授說要寫到能夠拿掉一章節，還知道你的內容在講什麼，這樣才算是合格的論文，阿發為彌補早年輟學學識之不足，求知若渴，就像大海綿一樣廣泛貪婪的吸收各方知識，並提早做準備，因為是雙教授指導更加倍嚴格，阿發寫了六個章節十萬個字，教授要求的比對要在 10% 以下，因此刪掉部分，雙教授指導原則，認為你要第一個畢業就必須以放大鏡來檢視。

創記錄，14 個月取得碩士學位

　　口試當天，指導教授帶了許多學生來看阿發如何做到的，考場幾乎擠爆，記者也來了。當時考試召集人為故宮博物院前院長馮明珠，馮院長對於阿發的論文「中華文化合作示範區」很肯定，期待阿發可以實現這項計劃。阿發報告中提到故宮南院再繁榮建議，如果南院附近投資樂齡中心，讓老人可以學藝養老，還有成立動漫中心與南院合作，原本故宮文物已有在動漫化，有了這幾項，房地產商就會進來，進而成為觀光文化商業區，帶動人口就業區域繁榮，這讓馮院長為之認同，故宮南院是院長任內完成的，可惜因為一些區域相關配套建設尚未健全，現在還是很空曠。當馮院長宣布高分通過的同時，一切辛苦都是值得的，當晚前文化部長洪孟啟和前文化局長李斌都來祝賀。

阿發通過論文口試時，送給考試委員的答謝禮

阿發在 2019 年 10 月 24 日通過了論文口試，14 個月取得碩士學位，媒體以「最快通過 GE-EMBA 口試，創臺師大記錄」明顯標題報導阿發通過口試的新聞，董教授更說「將來論文上架之後，會是海內外想要拼 14 個月畢業的研究生想學習的範本，屆時會是國圖最搶手的網紅論文典範」，在畢業典禮上當故宮博物院前院長馮明珠完成阿發的撥穗儀式，阿發接過畢業證書那一霎那止不住內心的激動振臂高呼「我畢業了!」，阿發喊出的是一個扳手工輟學生成為臺師大 GF-EMBA 國際時尚碩士的榮耀和喜悅 !!

阿發在口試時，馮院長問阿發為什麼會每堂課都修而不選課？
阿發回答自己是個沒讀書的孩子，七逃囝仔，憑什麼可以選老師？
從進米讀碩士就開始準備提交論文，而不是等到修業完畢再來寫。
得來不易的畢業典禮，阿發以高跪姿，感謝老師的栽培馮明珠院長完成阿發的撥穗儀式。

從事文化工作讓阿發結緣藝文界教育界，心靈滋長，誠如姥爺對阿發的寄望「日日青絲白成雪，任君長照莫蹉跎，妍媸不亂存晶體，古鏡藏眞何用磨」，年輕的時候要多奮鬥，不要虛度光陰而白了頭。姥爺是阿發最初文化的啓蒙者，從事文化工作最大的收穫，就是以這些紀錄考進了臺灣師範大學碩士班，彌補早年輟學的遺憾，阿發常想起自己原本是井底之蛙，跳上了青天又害怕，也就是當年華君武老先生送給阿發畫作「人人都誇天好大，見了青天又害怕，接出井口擔風險，不如任坐井底下」，人生這台列車每一站都是驚喜，GF-EMBA 的學習之旅，未來將造就另一個「阿發」。

阿發太太見證了阿發成為臺師大GF-EMBA國際時尚碩士的榮耀和喜悅，畢業典禮完快樂的步出校園

兩岸文化合作示範基地的創新思考

　　阿發的臺師大國際時尚碩士論文，題目為「建構中華文化合作示範區之可行性研究-以杭州市文化合作模式為例」，「中華文化合作示範區」的核心論述有兩大重要啟發和佐證，一為香港西九文化區案例，二為兩岸專家訪談驗證可行性。

　　2013年香港西九文化區核准通過開發，不僅為香港創造一個多采多姿的地帶文化，更是全球規模最大的綜合文化藝術園區，集文化、藝術、潮流、消費、教育及公共空間於一身，區內佔地23公頃的公共空間，以及長達兩公里、充滿活力的海濱長廊，並設有各種文化藝術設施，包括劇院、博物館、演藝場館、劇場及廣場等共17座，上演世界級展覽、表演節目和文化藝術活動。香港西九文化區的成功案例，可資佐證兩岸文化合作示範基地。

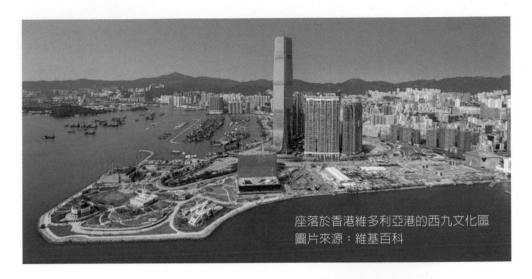

座落於香港維多利亞港的西九文化區
圖片來源：維基百科

　　如何將兩岸文化有效的整合，運用創新的商業模式將文化產業結合老齡產業的文化園區，阿發以文化產業、老齡產業、文化園區三者結合，作為兩岸共同發揚中華文化，藝術交流、演藝展演融合文創元素永續發展，這是阿發近年一直在思考的方向。阿發的碩士畢業論文以「中華文化合作示範區」做為研究主題，在中國進入老齡化社會的同時規劃以文化養老、學藝養老的中華文化合作示範區，以杭州市的文化合作模式進行個案分析，得到口試委員高度肯定。

融合兩岸文化產業優勢的合作模式

　　臺灣的優勢在於文創產業創造的群聚效應，例如華山文創園區、松菸文創園區、駁二藝術特區等上下游的產業鏈的完善，並以文化創意包裝商業化之經營；而大陸的優勢則在於市場龐量大，及十個國家級文化產業園區圍繞在古蹟旅遊、文化創意、動漫遊戲、藝術品、出版業、傳媒業等文化產業體系，但是較缺乏融合兩岸文化產業優勢的合作示範區。

　　阿發完整分析兩岸目前相關國家重要相關文化策略，並透過專家訪談與詳盡財務規劃佐證其可行性，認為以文化產業為核心，結合老齡產業為概念的文化園區，將兩岸文化做有效的全面性整合，以弘揚中華文化、美術與演藝、文創培訓的完整商業模式，作為兩岸文化合作的示範基地是具有極高的可行性。以下是阿發訪談兩岸專家的重點摘錄：

　　《大陸文化部常務副部長楊志今》曾受邀來台蒞臨「2013 年第一屆海峽文化遺產節」開幕式致詞中說道：『⋯在兩岸文化交流發展的新時期下，藉著這樣的交流活動，雙方得以共享民族智慧與先民卓越的藝術創作，他期待大眾能親身體驗蘊藏其中的文化魅力⋯。」，的確兩岸大型交流活動，從北京中央到地方，無不加大力度交流再交流，論壇過後準備下個論壇，每個活動雖精彩，雖留下難得的記錄，然創造的收益極少。

　　《臺灣師範大學前校長張國恩》出席第四屆中華文化論壇時表示：「藝術發展很重要，對國民素養的培養意義非比尋常；教育系統要考量如何把藝術文化底蘊融入到師資培養中，除了要尊重藝術，還要做到"跨域"，將科技藝術化或把藝術科技化。」張校長提到：「通過中華文化論壇，可更加了解未來文化及促進兩岸間更好的結合。臺灣為中華文化的一支，但臺灣文化的地方性，與大陸文化形成一定的差異。中華文化論壇把臺灣與大陸的差異加以融合，進而進行合作。」

　　《大陸知名表演藝術家游本昌》2017 年訪游老師，他回想 2013 年赴台公益展演「弘一大師 - 最後的勝利舞台劇」，分別在台北的國父紀念館大會堂及台中中興堂演出二場，場場爆滿，坐無虛席，游老師說道：「文化源於一中，兩岸具體的表演合作，除了演員分工，還可以利用劇場，一張票看兩場戲，一場看游本昌舞台劇，一場看臺灣的歌仔戲，互相拉抬創造收益。」的確，目前臺灣演藝團體赴大陸表演，往往票房收入不穩定，除了少數演唱會成功外，具體而言還是得在文化示範區內規劃一座演藝中心，成為專屬的演藝舞台。

　　《新北市文化局前局長李斌教授》2019 年與他交談中提出「文化合作示範區」的構想，李局長表示：「以他長期對大陸的觀察，的確現今沒有一個屬於臺灣人的文化特區，經貿有、農業有，所以這個示範區一旦成行，將有利於兩岸藝術界共同合作發展的平台，並且不只在杭州可做，福州也是很好選項，閩台本一家，結合文化養老、學藝養老新概念可以多做幾個。」，李斌教授退休後在文化大學授課，也是大陸認可的文創非遺專家，對於兩岸文化現況有獨特見解，同時也是臺灣文化部重大項目咨詢專家，對於此研究亦提出諸多建議。

兩岸文化合作示範區

「中華文化合作示範區」，提供以文化創意爲主軸，以文化遺產研究中心與培訓認證機制爲基礎，結合兩岸之文化交流爲主的藝文展演平台、老齡學藝、宗教文化與幼兒啓智作爲核心，並且同時提供飯店、商場、主題樂園、房地產開發等周邊設施之多功能藝文休閒場所，並且設計出獨特的營運模式服務目標客群。不同於其它文化創意園區，以文化創意爲核心精神，支撐老齡照護、老齡生活之規劃服務專案。提供長者高品質老年休閒活動，計畫初期將建立老齡學藝中心。並以提供高品質老年活動爲目標，建置美術中心、演藝中心、國學文化中心，提供長者文化創意活動及藝術課程。長者將能透過活動課程，獲得社交互動及藝術學習成就等心靈上的滿足。

一個國家的發展或是一個地區的進步，都不能少了文化這個項目，任何的前瞻計劃也都不能缺少文化建設。臺灣在文創產業上的政策相當支持，但可惜在推廣的力度稍有不足。而大陸對於文化產業相當重視，從中央到省市地方，建設不少文化園區，有些利用廢棄工廠、有些利用文化古蹟作爲文創發展，相關的概念有文化園區、創意園區、藝術園區等；文化與經濟密不可分，由於這三十年經濟起飛，與世界接軌，但文化建設較晚，有些欠缺完整的規劃研究。

中華文化是台海兩岸同源共生、一干分枝的共同資產，也是目前兩岸交流中最能引發共鳴，啓發認同的面向。在「優勢互補，互利雙贏」的前提下，兩岸加強交流，建構專屬於發揚中華文化最有效的合作平台，開拓更大的市場，將兩岸文化創意中的項目做大是能彼此互補。

未來發展與永續願景

中華文化合作示範區以文化產業結合老齡產業的文化園區，各中心以圓形廣場周圍配置建設，廣場多功能運用，平日可提供居民跳舞之用，假日可舉辦市集，也可以成爲遊樂場花車遊行之路線，未來朝向中華文化爲內容的亞洲老齡產業迪士尼目標發展，如藍圖的空間配置與場域規劃。

(1) 中華文化合作示範區爲文化產業結合老齡產業的創新文化園區

(2) 中華文化合作示範區爲繁榮區域的領先商業新模式

(3) 文化產業中美術、演藝、宗教來扶持老齡產業

(4) 兩岸以非物質文化遺產合作，發展戲劇、動漫

(5) 文化合作示範區以美術、演藝及商業設施全面發展並規劃 IPO

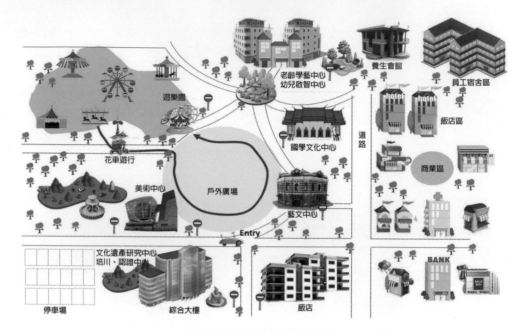

空間配置與場域規劃示意圖

CHAPTER 15

數位變革 翻轉時尚

這是個數位變革時代，數位化的網路效應催生了平台革命，席捲全球社交、購物、遊戲、媒體的商業模式創新，造就了電商經濟以及網紅經濟，利用網路打響知名度進行具有影響力營銷的經濟模式，並且依賴網路傳播以及社群平臺形成龐大的粉絲，利用流量吸引供應商，在網紅屬專 IP（智慧財產，Intellectual Property）謀取利潤，這就衍生出一條完整的網紅產業鏈，宅經濟模式。

當知名潮牌 MF 找上阿發，成為 MF 的合夥人，阿發與 MF 互為貴人，一場翻轉時尚的契機正在點燃星火，群鳥振翅伺機飛揚。

潮牌「MF」(Made in future) 大未來

「MF」意即「Made in future.」不僅呼應了品牌名稱，同時也是品牌的核心宗旨。MF 代表著對未來流行文化發展的前瞻之眼，同時也是將流行產業帶到下一層級的宣告。「MF」以「bootleg」為原點、將翻玩與二創的設計進行改造來衍生出更有趣的話題，MF 不僅是一支打造流行服飾的品牌，透過不同的策略，將街頭文化、藝術等不同領域的創作結合在一起，再透過與不同設計師、藝術家的合作，將 MF 這支品牌經營得更多元。

MF 品牌 Logo 源自於荷蘭年輕藝術家的創作，荷蘭藝術家年少時代是刺青藝術師，空閒時繼續玩塗鴉。後來轉為專注插畫與設計。接著從卡通海綿寶寶得到的靈感，他推出了自己創作的 T 恤系列。作品接著榮獲廣大媒體關注報導，甚至獲得世界知名的巴黎最潮時尚概念店 Colette 設櫃邀請。這位藝術畫家獨特的風格，從時尚業等捕捉時尚知名人士的神韻，再將他們的趣味肖像融入他們所代表的品牌裡。吸引許多傑出設計產業的關注，將品牌的商標，圖像、扭曲設計成非常有趣的圖騰。

　　由於品牌的成功，導致荷蘭畫家授權金也不斷地增加，這筆龐大的支出，已成爲負擔，所以在授權合約期滿後，就不再續約。並且採用台灣的藝術家的創作來做二次翻轉，過程中相當痛苦，因爲所有的圖騰都要重畫，也因爲之前品牌名稱冗長，荷蘭語發音，消費者不好唸，必須把它簡化，所有的視覺形象設計，在團隊的努力下，創造出全新的圖騰，提高品牌 CIS 的辨識度，並且開發出上百個有趣的圖騰，例如奧黛麗赫本翻轉 LV，2020 年重新誕生「MF」，引領風潮帶動流行。

　　翻轉時尚品牌的成功除了有趣的翻轉 Logo 外，MF 最大的核心價值在於團隊，一群鳥才能飛得更高更遠，平台加上行銷，當 MF 遇到阿發，就猶如千里馬遇到伯樂，阿發成了 MF 的專案合夥人，以專長整合能力爲 MF 灌注更多發展能量，強化品牌的價值。

藝術時尚 翻轉創新

　　「MF」（Made in future）從阿姆斯特丹發跡，將許多熟悉的身影注入到設計當中，通過一種有趣的藝術表達來擴大品牌背景和設計師之間的故事。作品結合了多個品牌和新設計師，例如 Louis Vuitton x Virgil Abloh，Virgil Abloh 是一位美國時尚設計師、藝術家、建築師、工程師、創意總監及音樂製作人，也是路易威登男裝藝術總監； Gucci x Alessandro Michele，留著長髮與鬍鬚的 Alessandro Michele 爲 Gucci 創意總監； Dior x Kim Jones 等，徹底結合創造力和產品，將奢侈品、藝術與街頭潮牌結合在一起。

　　由 Karl Lagerfeld 透過滑稽姿勢演繹 Chanel 的「雙 C」、Alessandro Michele 的「GUCCI」字樣等等，不僅如此，MF 甚至將 Supreme、Nike 和 Stüssy 等潮流品牌加入創作，這使「Tribute」系列造成空前絕後的熱賣與好評。

　　近幾年已成功在各國知名購物中心及百貨公司舉辦了許多活動和快閃店。憑藉所有的成就，2021 年向日本、韓國等更大的亞洲市場進軍。

「MF」（Made in future）通過一種有趣的藝術表達來擴大品牌背景和設計師之間的故事，以創造力將奢侈品、藝術與街頭潮牌結合在一起。
由Karl Lagerfeld 透過滑稽姿勢演繹 Chanel 的「雙C」，令人會心一笑。

翻玩空間 體驗生活時尚

　　MF 靈感來源是取之不竭的街頭潮流文化，以"翻轉"為核心，通過空間體驗、產品體驗等多維度差異化競爭，賦予餐飲以視覺和精神上的極致體驗，打造年輕人的潮流文化圈，開創潮流餐飲新時代。產品線延伸從最初的品牌服飾，走向居家周邊商品，甚至將服飾與潮流飲品結合，成立新品牌 MF Live 生活館、MF Bar 飲品店、MMU 美甲美睫店，朝向多元化發展。

　　MF Live 生活館，位在中山捷運站附近的兩層樓，南西商圈是台北市民熱愛的逛街、休閒好去處，不但有新光三越百貨及誠品等大文創景點，中山捷運站改裝成廣場，平日人潮就非常眾多，假日更有市集、街頭藝人的表演，也是網紅最愛打卡的地方。原本這棟是一家飲料店，老闆認同我們的想法，也成為 MF 的後台供應合作商，一樓保留長條工作台，調製飲品以及烹調餐食，規劃出擺設衣服的櫃架，後面一組 GUCCI 圖騰單人沙發，因饒富趣味經常吸引民眾排隊打卡拍照；二樓是用餐區，牆上滿佈 logo，前端花窗

玻璃有西洋文藝復興時期人物彩繪馬賽克鑲嵌藝術；地下室則是翻轉創新的
投影藝術區，有奧黛麗赫本叼著煙斗抽煙、GUCCI 創辦人跳出來抱麵包，
LV 的黑人設計師用吸管在喝飲料等非常生動有趣，剛開幕投影互動區即吸
引不少網紅來這裡合影拍照。

MF Live生活館外觀及商品空間
投影藝術區生動有趣

　　MF Bar 以精品店及畫廊的概念結合，搭配提供特色飲品，呈現出古典
元素與現代藝術的對話融合。空間以大量白色古典線條爲基底，黑色及金色
的線條襯托，玻璃壁面引入明亮天光，保留 MF 周邊產品及圖像讓品牌色彩
的視覺焦點集中。局部 CIS 的金色勾勒編框強調 MF 的時尚尊貴感。MF 飲
品菜單可分爲奶蓋、果茶、氣泡、咖啡、茶等系列，各有獨到的風味與口
感，以提供消費者全方位、多樣化的手搖飲料推薦選擇。另外特別設計了透
明杯身搭配品牌「翻轉」logo，表現出翻玩及二創的特色。

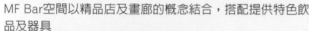

MF Bar空間以精品店及畫廊的概念結合，搭配提供特色飲品及器具

　　MF make up 簡稱「MMU」，合作方為首位華人美甲冠軍戴爾芙，曾出過三本美甲專業書籍，擁有美甲美睫的培訓中心。MMU 將結合 MF 有趣的 Logo，開發相關美業產品，如美甲膠、美甲貼紙、美甲棒等系列用品，也有年輕人喜愛的香氛蠟燭、香氛片、擴香等，並且結合日本的美甲光療技術使用頂級的保養品，以醫療級的高壓消毒，改善軟甲、傷甲。另外推出快速美甲光彩列印機，任選有趣的圖騰，不用一筆一筆畫上去，快速又漂亮的直接印在指甲上。這種新形象概念店未來將推廣到亞洲其他市場。

　　MF Life、MF Bar 及 MMU 店面裡均採用動態投影，動態投影是一種新興的廣告媒體，它是利用一種大功率投影設備，運用光學投影原理，採用高亮度的光源，將底片上的全彩廣告內容投射到客戶所需要的投影面上，強大的光源、完美的動態影響、超強的視覺衝擊力、高清晰的畫面，形成極富視覺衝擊力。MF 所採用的動態投影皆是過去曾進行"Bootleg"之圖案進行投影，增加整體的話題性。

MF make up (MMU) 空間延續MF 的品牌形象
合作方為首位華人美甲冠軍戴爾芙

數位變革時代，平台經濟革命

後疫情時代，人們會更加珍視創新，藝術時尚翻轉創新，新一波的革新已蓄勢待發，將是品牌企業不可或缺的未來策略。MF 已擁有許多知名網紅藝人，周揚青、宋芸樺、陳星如、賀軍翔、熊仔、吳卓源…約有上百位藝人，不斷在 YouTube 發表。每一檔的快閃店都會有許多網紅前來打卡拍照，有的錄製成短片，抖音、微博放映；與 MC Hot Dog 聯名，在上海的發佈會更造成轟動，Vogue、GQ 等時尚媒體爭相報導。

除了善用網路的資源，對於 MF 品牌的操作，也從快閃走進電商，搭配網紅行銷，並且與異業結盟，阿發也整合師大國際時尚班同學們的產品，只要能與 MF 合作的都不排除合作開發，無論金屬飾品、家具、陶瓷喇叭，還有與酒商合作聯名款 MF 香檳，未來 MF 將更擴大規劃時尚酒店，大廳可以辦派對，每個房間設計呈現品牌精神，餐廳的餐點，商場、酒吧成為另類時尚，目前亞洲區韓國、馬來西亞以及上海已經有代理商洽談中，但任何投資都有極大的風險，要考慮讓合作方都雙贏，品牌方才會有利潤。

　　阿發把 MF 當成是平台企業，產業價值鏈的重組、關係網的增值性、發掘新的商業機會。平台商業模式的根基，來自多邊群體因有互補需求，所激發出來的效應。平台企業是多方價值的整合者、多邊群體的聯絡者、生態圈的主導者。平台企業，也必須採取的策略提供精準的行銷價位，讓商家願意上門，所以，阿發拿 MF 來對照這個理論，行銷不只要精準、要有趣、要說故事，讓顧客願意掏錢。MF 平台企業就是電商平台、潮流平台、金融平台、娛樂平台等等平台的統稱，阿發期望 MF 成就平台經濟。

MF平台經濟網版圖

科技台商耀動再起

　　阿發的反差人生，從傳統起重機扳手工創業成為兩岸高科技無塵室天車業台商，在起重業界留下傳奇事蹟；2005 年回到台灣心存善念反饋協助藝術家成為兩岸藝術文化策展人，舉辦重要活動在文化界上立足；由於十多年的社會貢獻，在沒有高中文憑，沒有大學學歷，而錄取了臺灣師範大學國際

時尚碩士班，又以十四個月通過論文口試，創下記錄；當知名潮牌 MF 找上阿發，歸因於阿發藝術界、兩岸文化界的人脈，還有國際時尚碩士班為台灣時尚界的菁英們的資源，一場翻轉時尚的契機正在點燃星火，群鳥振翅伺機飛揚。

能進到師大學府讀書，對阿發而言是航向人生的奇幻旅程，雖然不能第一名考進來，但卻是第一名畢業，每個人的際遇不一樣，但只要努力一定會有收穫，阿發從小到大，受到環境的影響，為求生存看盡臉色，因強烈自尊有時難免自傲，但卻比一般人更具韌性和沉得住氣，更洞悉生存法則。有句話「機會是給準備好的人」，阿發在師大念書期間加倍充實自己，練好基本功，當自我價值受到肯定，產生了「被需要」感，並且掌握了關鍵資源，就可以成為關鍵夥伴。

不要忘了你自己

年少荒唐，在那髮禁舞禁的年代，高中因賣舞票辦舞會而被退學，17歲酒店工作，25歲隻身到大陸闖蕩，經歷多到已經數不清的難關，母親從小到大從未責備阿發，常告訴阿發「不要忘了你自己」，老人家沒讀過書，這句話的意思已經包涵一切，不要忘記台灣的家；不要忘了責任心；不要忘了自己的使命，阿發深知母親想表達的意思，在阿發心理不斷的重複「我沒有忘了自己，我很努力，我知道我要往哪裡去…」

「年少不知李宗盛，長大才知林憶蓮；少年不懂曲中意，聽懂已是不惑年」，一點也沒錯，多少人年少輕狂蹉跎光陰，等到年紀大了錯失了機會。有一天的週末，趁著沒課，回老家帶媽媽戶外走走，在車上阿發將碩士考試通過的消息告訴媽媽，母親聽了喜出望外感動不已，母親靠著送養樂多拉拔四個小孩長大，由於清寒，阿發求學時常被人看不起，14歲時阿發就立下志願：「有一天我會開著大賓士給您最好的生活」。

作為一個外省人第三代的孩子，在豬屠口困苦中長大，在大陸艱辛的歲月裡，努力奮鬥只想要成功脫貧，改善家中的經濟條件，實現夢想；大山孩子走了出去，井底之蛙跳出的天空，但終究還是不能忘本，心存善念走向正途，做母親的好孩子。

阿發碩士口試通過後，帶媽媽去八里左岸走走

　　阿發相信人定勝天，天行健君子以自強不息，歷史告訴我們「未經一番寒徹骨，焉得梅花撲鼻香。」，既然取得碩士這張入場券，對文化圈時尚界也有充沛的人脈，雖然身陷五里霧之中，處於人生的最低潮，但所投資的MF潮牌，在美西、韓國、香港、大陸及台灣每檔快閃盛況空前，引起廣大社群討論，深受年輕人所喜愛，2020年新冠肺炎（COVID-19）疫情全球精品業績下滑，網路經濟隨即而起，MF反而趁這波而快速崛起，除了藝人聯名也不乏網紅合作，阿發在師大課堂所學的理論，開始整合行銷，並且勾勒出生態圈，立下志願重振雄風，翻轉時尚，耀動再起。

《後記》設局

詭譎風雲 毫不設防

隨著兩岸政治環境的改變，文化變成敏感的字眼，阿發被打成台奸，兩岸交流從經濟的合作、競爭，到現在的政治對抗，阿發穿梭其間，也成為政治的受害者，如何解決這個問題，就要看兩岸領導者的智慧了！

恃才傲物炫耀招忌；好大喜功因酒誤事，阿發考上臺師大國際時尚碩士班，志得意滿，準備唸研究所前夕，卻因一場飯局詭譎風雲，讓阿發嚐到百口莫辯，痛心疾首的苦果，人生遺憾莫過於此！

2018 年 8 月某天，為慶祝多年好友德哥升主任檢察官，由阿發作東，到北海漁村餐聚，除師大同學友捷外，其他賓客完全由師大劉教授召集擬定，包括莊校長及法務、檢調官員共 15 位。

德哥原本在台北檢察署服務，這次要到南部擔任主任檢察官，以後恐怕聚會時間較少，所以要好好喝一下，一次來了六位國安單位調查員，當時，阿發心裡只覺得納悶，但因是劉教授出面邀約且說「檢調本一家」。阿發心想既然請客就不怕人多，還特別請同學友捷一起幫忙招呼，阿發特別帶了 6 瓶威士忌及 2 瓶高粱。

席間氣氛熱絡，調查員們平常少有機會與長官交流，莊校長為了炒氣氛，他說「今天沒有把酒喝完、誰都不准走」，現場馬上小杯換公杯，大家都喝開了。

期間國安單位的林副主任特別介紹部屬女調查員翁洋，翁洋善於交際酒量好，也很會帶動氣氛，兩人問起阿發從事什麼工作，阿發回答「近年來從事兩岸文化交流，協助中華文化論壇藝術家交流專場，剛考上臺灣師範大學碩士班，準備專心去讀書…」。

因氣氛熱絡，阿發帶來的酒全部喝完，又加上友人的 2 瓶威士忌，15 個人喝了 8 瓶威士忌 2 瓶高粱酒，阿發是主人，為了讓客人盡興，舉杯就乾，喝得最多。

北海漁村一場祝賀升遷的飯局，酒酣耳熱之餘埋下詭譎風雲的設局疑雲
前排德哥(右一)、阿發(右二)、莊校長(右三)；後排劉教授（左五）、翁洋（右五）及法務、
檢調官員共15位

　　在飯局快結束時，林副主任和翁洋主動提出，想請阿發協助瞭解兩岸事
務，希望阿發和同學友捷一起到三重續攤。阿發雖已經醉了，但國安單位要
求一定要滿足，雖然身體很不舒服，還是跟著搭上計程車。

　　到了三重快炒店，餐桌就在騎樓下，老闆好像跟林副主任很熟，剛坐下
來就有不少朋友來打招呼，看起來都是社會人士，他們對於國安人員恭恭敬
敬，阿發又被灌了很多酒，身體很不舒服但又不敢走。過程中，有一位穿短
袖汗衫及短褲的在地朋友，沒介紹自己是做什麼行業，因為態度不太友善且
話不投機半句多。阿發又因身體實在難受，頭昏眼花，也不管國安單位長官
會不會覺得沒有面子，隔沒多久就主動起身搭車回家。

　　隔天林副主任突發訊息說「昨晚怎麼一回事？翁洋與她男友李阿達很生
氣」。原來那位穿短袖汗衫及短褲，就是女調查員翁洋的男友李阿達；因阿
發正在宿醉，勉強回答說「是不是我同學冒犯了」，印象中同學友捷和翁洋

一直坐在一起,林副主任竟告知,阿發和同學友捷在坐計程車時摸了她,要阿發給翁洋回個簡訊。阿發心裡很疑惑:「若是計程車不禮貌怎麼還會繼續和友捷坐一起?」

阿發遵照林副主任的指示,隔二天回簡訊給翁洋表示,「昨一整天,人極大不舒服!要如何賠罪,您儘管吩咐?」。翁洋則回訊告知,已調閱影像畫面確認了這件事情,首先要求阿發捐錢,並向南部水患災民提供勞力及物資服務,還要傳收據給她。因翁洋的長官林副主任,也不斷通知阿發去捐錢,並說只要捐錢這件事就平息了。阿發問劉教授意見,他說「算是幫林副主任,給林面子」,阿發心想沒有做的事情,但捐了不就默認了。考慮二天,因劉教授說,反正是做善事,阿發也怕煩,就請助理照指示捐款慈濟功德會,並且把單據給劉教授。

但翁洋竟不放過阿發,還加碼要求阿發去南部做勞務義工,且改口說捐款應該要給婦女受害協會,又說要提告。最後,阿發實在受不了,回訊「不知所云,請找劉教授;我非常愛我的家庭、太太及小孩!」就把翁洋給封鎖了。

翁洋不斷要求友捷作證,並說友捷把頭靠著她左肩上,坐在旁邊摸她背腰十分鐘…,因同學友捷認定沒這件事,所以,翁洋也對友捷提告!期間,翁洋又不斷地對外宣傳阿發性騷擾,經劉教授告知後,阿發認為這對他的聲譽造成極大傷害,因此對翁洋提告妨礙名譽,最後併案由同檢察官審理。檢察官在審理時放映監視器影像,檢察官從影像截圖認定有碰到翁洋,再加上翁洋和男友李阿達證詞,就將阿發和友捷起訴。

在新北法院審理時,法庭並未勘驗監視影帶,交互詰問時,阿發(以下稱發)問翁洋(以下稱洋)得到的回答更令人費解?

發問:為何妳會來參加這個聚會?

洋答:工作需要,你就是我要認識的對象,跟你建立關係就是我的工作

發問:為何妳們調查員要把黑道人士介紹給我認識?

洋答:大家都是朋友,沒有什麼黑不黑道,大家只是過來跟你打個招呼而已

發問:妳為什麼要勾我的腰

洋答:勾你的腰,是為了要推開你

在三重續攤當晚接近 11 點時，阿發與同學在路邊攔車回家，此時翁洋走出來，阿發手指向騎樓並沒搭理她，翁洋站在路邊並主動與阿發交談，右手主動搭阿發的背往上到肩，然後翁洋身體往阿發這邊靠，並用手勾阿發的腰。阿發回手搭她的肩，因酒後無力，手往下掉，雖然接近但沒碰到她，不到幾秒，車來即離去。

翁洋女調查員確定好監視器位置，進行勾腰取證，令人疑惑的佈陣，百口莫辯人生之憾

在冗長審理過程中，阿發已了解鬥不過國安單位，因擔心家人會受害，只能不斷要求和解，但翁洋竟故意要求巨額賠償金，阿發無法接受，只能懇求法官，絕無非禮翁洋小姐，何況她是調查員，都受過一年柔道及擒拿術訓練，怎敢對她性騷擾。後來，為了讓阿發身敗名裂，故意將消息放給媒體大肆報導，將許多不相關的事情串連，且與事實完全不符。

阿發從北海漁村到三重續攤，毫不設防，殊不知一場精心算計的設局早已羅織了罪名，阿發無力可回天，受到這種無妄之災，原想放棄兩岸文化交流工作，但想起姥爺囑咐，有能力的時候一定要多幫文化藝術界朋友，台灣藝術家確實也需要大陸舞台，想想好不容易創造兩岸藝術家交流平台，如果就這麼放棄了，實在有點可惜，只能強忍著淚水，繼續往前行。

深切自我檢討，好大喜功因酒誤事，成為人生最大遺憾，痛心疾首！

Appendix A

兩岸文化藝術策展
精選案例

水語之二
何韻蘭教授
中國女畫家協會顧問
中國畫學會理事

北京－陳朝寶風雲再起（2007）

　　陳朝寶，亦即藝文界人士所暱稱的"阿寶"，1948年出生於台灣省彰化縣，目前任教於台灣藝術大學。

　　創作是一條辛苦的路，從早期漫畫家到全能藝術家，阿寶曾於1996年在敦煌莫高窟臨摹壁畫，這是繼張大千之後第一人，觀音如來等佛像，取決於臉相之莊嚴，臉部表情是很難之一環，一筆勾勒之差，整幅全毀，觀阿寶之畫作，佛相容貌莊嚴氣色紅潤，慈眉善目，所搭配之神將金剛怒目，以及神獸坐騎等皆有考究，此為阿寶中壯年時期之代表作，以「千手千眼觀世音」最為精彩。

　　阿寶旅居法國19年，吸收了大量西方繪畫技巧，與趙無極、朱德群為好友，阿寶的創作不只抽象，用寫意融入了中國元素，他以混合媒彩創作出中國戲劇代表人物，阿寶筆下之馬又肥又壯，就是漢唐盛世下的馬，史書也曾記載，「秦漢以來，唐馬最盛」，阿寶也喜畫鶴，其鶴細長時而飛翔。

　　阿寶由於西方文化接觸甚深，喜畫女子，無論是古典美女或是輕紗裸女都有其獨特畫風，風雲再起中「天籟歌聲舞江山」「英雄美人圖」以水墨、壓克力、棉紙、畫布，繪出武將的鐵漢柔情與女子嬌柔深情形成對比，是一大亮點。

　　2021歲次辛丑金牛年，「牛轉乾坤」圖，阿寶以淡雅水墨勾勒出稚犢情深，芭蕉、竹籬留白，別有一番風情。阿寶在創作上不斷的自我突破，寡言木訥，醉心於藝術，在他的繪畫世界裡，內心澎湃，時而淡淡傷感，可說是「東方畢卡索」。

中央美院院長、美協主席范迪安、策展人張阿發、文化部主任呂軍、北京畫院院長王明明、國家畫院原院長劉勃舒、全國政協副秘書長盧昌華等貴賓一起剪綵。

作品賞析

敦煌臨摹「千
手千眼觀世音
菩薩」圖

天籟歌聲舞江山

英雄美人圖

牛轉乾坤圖
祝賀瑞華、瑞淇稚犢情深

新聞剪影

"風雲再起"——臺灣藝術家陳朝寶作品展開幕

2007-04-18 04:15

中國美術館 4 月 18 日訊 被文藝界人士親切稱呼為"阿寶"的臺灣藝術家陳朝寶先生在我館舉辦的"風雲再起——藏寶徒·陳朝寶作品展"今日上午舉辦了開幕式。全國政協副秘書長盧昌華先生、中國美術館館長范迪安先生、文化部文化交流中心主任呂軍先生、北京市文化局副局長王明明先生、中國美協顧問劉勃舒先生、中國美協副秘書長陶勤女士、臺灣悅寶文化事業股份有限公司董事長張家獻先生以及藝術家陳朝寶先生出席了開幕式。

陳朝寶成名甚早,大約二、三十年前,就已在臺灣的聯合報、皇冠等著名報刊雜誌上,長期發表時事漫畫、政治漫畫、幽默漫畫,此後展覽邀約不斷。一九八三年舉家遷往法國巴黎,直迄二○○二年才將工作搬回臺灣。經過三十年的創作歷程,

陳先生的創作內容已經混合多種了技法,在他舉家遷徙巴黎的十九年間,經歷了人生的順逆起伏、情感視野的大開大闊,從他的作品中,處處可見中西方繪畫技法的相容並蓄,尤其他的水墨畫更有別于傳統。

此次展覽名為"藏寶徒——風雲再起",有兩層涵義。一是,陳先生回顧自己三十年來的創作歷程,有重新省思、再出發的意義。提醒自己對從前的功名成就不需再盈盈掛懷,應該在藝術創作的旅途上締造新的創作高峰。第二,是對全世界政經情勢轉變的感受。放眼整個世界史脈絡,紀載著中國多次沉潛,又再綻放光芒的紀錄,令人印象深刻。尤其陳先生曾經旅居法國巴黎十九年的國外經驗,對於現今世界局勢變化的情況,又更加地比他人敏感。

(新聞來源:http://www.namoc.org/)

北京－王前書法展（2011）

王前，為遼寧大學中文系教授、遼寧佛學院院長，是一位集國學、書學、文學以及佛學的當代名家、書法家、教育家和詩詞家。

王前之書品早年初習顏，中壯年習北碑乃自「二王」，碑體結一，晚年以禪入詩，由詩入書，繼而由書入畫，以書法演畫法，從墨蘭墨竹便知書法造詣精深。

楊仁愷先生評王前云「老友王前教授，一生治學勤奮，著作精湛，桃李滿門，成就斐然。教授詩書畫三絕，享譽藝苑；後期從事佛學研究為國內學術界所欽慕，誠乃少有之奇才。」。

星雲大師觀看王前院長作品，以華嚴經句給予最高讚賞「常樂柔和忍辱法，安住慈悲喜舍中」，由此可見，王前教授以書弘法，功德無量。

中國書法之研究，不外乎形質與性情兩大內容。其形質不堅，即失去書法之實體；其性情不真，即失去書法之神韻。兩者相輔相成乃是統一之整體。雖是統一之整體，但又不能互為代替，從王前書法中，形質上之內容包括：線條、結體、章法以及與之有關之執筆、用筆、用墨等，顯見形質之深厚功力。

王前教授精於格律嫻於詞采恪守平水韻，律詩絕句典雅精宙，灑脫曠達、豪放俊爽與靜穆淡泊於一爐。書法是否入流，首要就線條中是否內涵豐富，即筆道中是否有東西，線條中豐富，方堪稱之為筆力驚絕；靜觀王前書法展「學書之道」、「毛主席《沁園春·雪》」等四條屏，為書藝代表之作。

2011年王前教授書法展在北京中國美術館舉行，國學大師文懷沙以101歲出席開幕式，以「字如其人，上追弘一，以書弘法，為我等之敬佩」讚揚王前教授

作品賞析

王前書法展「學書之道」四條屏，為書藝代表之作。

王前教授書法展，毛主席《沁園春．雪》四條屏，為書藝代表之作。

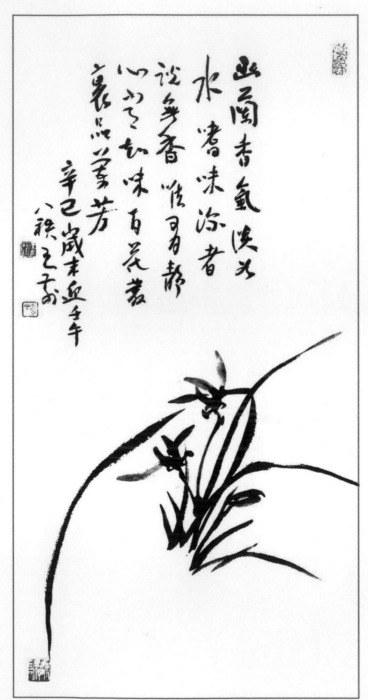

蘭草詩趣圖

魚躍湖中竟忘水

鳥飛天際寧留痕

學禪自撰聯

新聞剪影

"王前書法展" 亮相中國美術館
2011-12-21

　　中國美術館12月21日訊 昨日下午，書法家王前的個人作品展在中國美術館開幕。本次書展由遼寧省文史館、遼寧省書法家協會、遼寧省美術家協會主辦，共展出書法作品50餘幅，是王前先生近10年來的心血之作，他的書法實踐融會貫通篆、隸、真、行、草五大書體，精於行、草，可謂"胸間多少英豪氣，都匯滔滔腕底雲"。安徽聖泉碑林、廣東南華寺碑、瀋陽鵬恩寺、香港西方寺等均有王前先生的詩書勒石。

王前先生在開幕式上講話

　　王前，1922年生於遼寧省海城市，著名學者、教育家、詩人、書畫家、遼寧大學中文教授、原遼寧佛學院首任院長。1992年，應邀赴日本四國梅光女學院講學，得日本九州宇佐等三城市分別為其舉辦書畫展，書風榮獲盛名。2005年，赴臺灣舉辦《王前詩書畫展》，受到當地專家、教授贊許。已出版《論書絕句百首》、詩詞專集《晴空鶴詠》、《生活禪詠》、《王前墨韻》、《筆歌墨舞》等書籍。

　　本次展覽在我館3號展廳展出，展覽時間為12月20日至12月29日中午12時。（新聞來源：http://www.namoc.org/）

台灣－劉勃舒、何韻蘭旅台水墨展（2011）

劉勃舒先生為徐悲鴻先生的閉門弟子，畢業於中央美術學院，**1985** 年調任中國畫研究院副院長，**1989** 年接任院長直到 **2003** 年退休，中國畫研究院是國務院文化部直屬的中國最高的國畫學術研究機構，**2006** 年改名為中國國家畫院；何韻蘭老師畢業於中央美術學院，歷任北京市女美術家聯誼會會長、中國美協少兒美術藝委會主任，教育部藝術教育委員。多年來致力於相關的學術性、公益性事業，終身推廣幼兒教育。

劉院長在任期間，接待台灣畫家無數，在兩岸藝術界具有崇高地位。2011 年在台灣師範大學德群畫廊舉辦「劉勃舒、何韻蘭旅台水墨展」，2015 年在國家博物館舉行八十歲自在堅守展，並將畢生精品捐給畫院作為典藏。

劉院長擅長畫馬，其馬有別於徐悲鴻馬，劉院長筆下之馬，為細長飄逸天汗寶馬，群馬奔騰，劉院長最大不同畫馬處，喜從馬回頭，雖是馬屁股但不失藝術，單馬飛躍或雙馬飲水都在在呈現藝術家高超技法，尤其是以筆入畫，或線條或圈圈，中國繪畫六法中「骨法用筆」，筆就是書法的線形，心耕數十年，而「筆簡形具」就是劉勃舒畫馬形象意、意象形。從寫生、觀察、心悟找到繪畫至高境界。

何老師作品側重表達對生命與自然的詩意感受，具有濃厚的東方情懷。近年因對人文現狀的關注而重返命題。她將自然的嚴酷、美麗、神秘，以高深的繪畫技巧表現心的探索，意在思考人與自然的關係，充分展示她獨特的藝術追求。

清石濤主張不似之似，近代白石云「太不像乃欺世，太像乃媚世，不像之像，則得之矣」，中國畫在於精氣神為內在根基，釋道儒為內在修養，氣定神閑，這乃老文人之風采，亦是劉院長創作的最好寫照。

開幕式：右起江明賢教授、劉國松教授、李奇茂教授、劉勃舒院長、何韻蘭老師、前文建會主委申學庸、新黨主席郁慕明、李振明教授

作品賞析

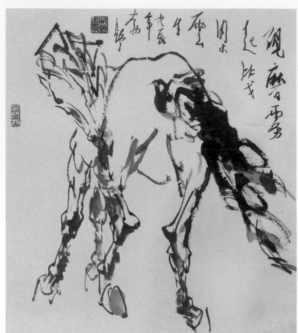

獨馬回頭圖

雄風萬里奔騰急

雙馬奔嘯圖

雞鳴報喜圖

新聞剪影

劉勃舒、何韻蘭的自在與堅守

陳履生 中國藝術報

"自在·堅守" ——是當下文藝界所缺少的一種文化品格。沒有藝術的自在遨遊，沒有個性的自在暢達，就沒有藝術的自在表現，因此，需要堅守文化高地，任憑濁流在腳下流淌。

飲馬(國畫)　劉勃舒

一對文化老人，幾十年如一日懷揣青年的心態，在商業和物慾之外自在地從事自己的藝術工作並積極地面對生活。他們的身影掠過新中國以來美術界幾代人的更替，他們的歷程又見證了改革開放以來中國美術的歷史篇章。他們扶老攜幼忙碌在一個美術界大家庭中，每一時期的成就都凝聚了他們的才智和心血。從學院到社會，從教學到創作，從個體到組織，從寫實到寫意，從嚴謹到自在，從自在到堅守，藝術人生所演繹的春夏秋冬，不覺成為不同歷史階段的社會責任。他們如今的自在與自在的如今，從生活到藝術都進入到一種令人憧憬的境界之中，不為流俗所累，不為金錢所惑，不為利益所動。在自在的狀態中，畫與不畫，畫好與畫壞，甚至筆墨與觀念、形式與技法，都化解到逍遙的自在之外。然而，他們並沒有因為自在而放棄社會的責任，相反，得大自在者卻在文

化的堅守中表現出了這種自在的特殊意義。他們的堅守是一個歷史發展階段中文化傳承的必須。傳承必須堅守，堅守而能自在，而能不失堅守中的自我發展，如此自在的堅守也是一種境界。這就是我所敬重、敬佩、敬愛的劉勃舒、何韻蘭先生。

我畫大自然是因為壓抑不住對它的敬畏和愛恨交加的複雜心緒，作畫時卻像被物件神秘莫測、瞬息萬變的特性所掌控，自己也變得很純粹，我的探索和多種手法的運用也變得勇敢而隨意，我很享受這樣的創作過程。

——何韻蘭

劉勃舒、何韻蘭先生各自的成就已不同凡響，但在當下喧鬧的藝術市場和五花八門的媒體上都少見他們的身影和畫影。他們的淡定顯得另類，好像不合潮流。作為國畫界大家的劉勃舒先生，一直推卻大型畫冊和回顧性畫展的邀約，認為還不到時候。畫品獨到的何韻蘭老師則不惜為公益性藝術教育付出了長達五六年寶貴的創作時間。

很多年來，劉勃舒、何韻蘭先生幾乎沒有展覽活動，可是，近年來從臺灣到北京、東莞，他們的聯展都引起了業內人士和社會公眾的高度關注，他們以低調的奢華為朋友們奉上了奢華的藝術盛宴。此行南充，也像以往一樣是他們與朋友自在交流的一場聚會。在這次展覽的作品中，劉勃舒先生以草書的筆法構造了無序中而有序的馬的結構，並將雄強狂放和勇往直前的馬的品性推演為視覺的中國精神；何韻蘭先生依然是把靜謐的情思賦予自由的流動，一種可以控制的變化莫測在她的畫面中表現為沉寂和冷靜，如夢一般的美妙恰似女性的溫柔。他們不同風格的作品會讓觀者在驚喜和感歎之餘引發思考，會讓人們感受到自在和堅守的力量，同時，也會讓我們感受到他們的人品和畫品的魅力。

(新聞來源：https://m-news.artron.net/news)

杭州－江明賢大地行吟（2015）

　　大地行吟為浙江美術館眾多邀請展最重視的展覽，獲得浙江省文化廳大力支持，浙江美術館特別出版江明賢的墨彩世界，前國台辦主任陳雲林先生從北京前來開幕式，產官學嘉賓齊聚一堂盛況空前。

　　江明賢，留學西班牙美術學院研究所畢業，台灣師範大學名譽教授，也是大陸國家畫院院務委員，一生致力於教育事業，提攜後進，學務之餘勤於作畫，1988 年時國台辦支持，第一位台灣畫家在中國美術館辦展，由文化部中華文化聯誼會主辦，而多年以來在歐美日各大博物館個展，2011 年在國務院參事室邀展出「新富春山居圖」，溫家寶總理細看畫作後給予崇高的評價，對於畫家而言留下珍貴的記錄，也是最好的肯定。

　　江明賢的大地行吟之展覽，繪畫技法引西潤中，其作品為近年來旺盛之作，精彩絕倫，具有四大特色「紅、重、靜、眞」。江教授善用磚紅顏料在每幅畫作中點綴，蘇州水巷呈現白牆中帶有淡淡磚紅，飾潤出懷舊溫暖之感；在處理山水畫，具有層次感，水墨之黑，乃是一重重的渲染上去，與李可染之山水畫有異曲同工之妙，大山傍水煙雨茫茫，筆到之處，優然自在，重彩呈現百看不厭。靜為中國水墨畫最高境界，寧靜致遠，「黃果樹大瀑布」山水畫，氣勢磅礴不急躁；多了一份寧靜祥和。大地行吟之展，作品皆為江教授足跡之處，每幅巨作無論是廟宇古蹟、城市高樓、大川名景等，在其畫作中附上述說緣由，其書法亦見功力，字如其人，可見文人之天眞浪漫。師古人但絕不能抄襲，一位成功的藝術家其作品要有高度的辨識度。

　　2021 年江教授接任台灣美術院院長，眾望所歸，帶領美術界之發展。

大地行吟為浙江美術館邀請展最重視的展覽，前國台辦主任陳雲林先生從北京前來開幕式，產官學嘉賓齊聚一堂盛況空前。

「台灣玉山」山水畫，具有層次感，水墨之黑，乃是一
重重的渲染上去，與李可染之山水畫有異曲同工之妙，
重彩呈現百看不厭。

台北101大樓

周庄的回憶：位於上海近郊，已具千年歷史，被譽為江南水鄉之典範與東方傳統文化瑰寶之周庄，因美國石油大王阿曼德‧哈默於1984年訪問中國，將旅美畫家陳逸飛以此為景的創作「故鄉的回憶」贈與時任國家主席鄧小平，而使周庄水鄉斐聲于海内外。2013春江南之行 江明賢

黃果樹大瀑布：充滿原生態自然山水與田園之景的貴州黃果樹，是世界最大的喀斯特地形瀑布群，終年獅吼虎嘯，直震九天，滄桑之歷史長河與民族人文特色，而積湛成名聞中外人間瑰寶。 2016夏貴州之行 江明賢

新聞剪影

　　日前，由浙江省文化廳主辦，浙江美術館、台灣文化藝術發展促進會承辦，中國國家畫院、中國畫學會、台灣師範大學、台灣美術院協辦的"大地行吟——江明賢墨彩世界個展"在浙江美術館開幕。本次展覽是江明賢歷次個展中規模最大的一次，展出江明賢多年來創作的重要作品共計93件，描繪了兩岸及世界各地具有人文特色的自然美景、風土民俗、古跡建筑物。其中的《新富春山居圖》長卷，是繼2011年國務院參事室邀請江明賢與宋雨桂代表兩岸主筆畫家合繪《新富春山居圖》後，江明賢又獨自完成的一幅精心之作，這也是該畫作首次在杭州展出。

　　江明賢是中國繪畫追求"引西潤中"理論的實踐者與豐碩成就者。1988年，江明賢打破海峽兩岸藝術界分隔四十年的僵局，應中華文化聯誼會邀請，在中國美術館和上海美術館舉行個展，成為首位在大陸舉辦個展的台灣畫家，引起兩岸文化藝術界的廣泛關注與熱烈回響，開啟了兩岸美術交流的先河。

　　國台辦原主任、海峽兩岸關系協會原會長陳雲林；全國台灣同胞聯誼會黨組書記梁國楊；浙江省文化廳廳長金興盛；浙江省台灣事務辦公室主任裴小玲；浙江美術界的藝術家和台灣藝術家數百人一同出席了開幕式。金興盛代表浙江主辦方致辭。他說：浙江和台灣隔海相望，地域文化密切相關。一幅《富春山居圖》，更是進一步加深了兩地的藝術淵源。浙江的山水美學和人文內涵塑造了藝術家們心向往之的精神家園，並產生了連綿不絕的文化效應。今天，台灣著名畫家江明賢先生帶著他的《新富春山居圖》以及其他一大批水墨精品力作來到浙江美術館，這既是對中國傳統文化的一次禮贊，也是一次重要的兩岸文化藝術交流。近年來，浙江和台灣的文化交流非常頻繁，每年都要舉辦形式多樣的文化交流活動和書畫展覽活動，浙江美術館已經成為引進、展示台灣書畫藝術家的重要平台。今天在浙江美術館舉辦的江明賢先生展覽，是乙未新春開年後舉辦的第一個台灣藝術家展覽，也是我們雙方精心准備、籌劃已久的一場藝術盛會，把兩岸藝術交流活動推向了一個新的高度。金興盛希望浙江和台灣的藝術家能夠攜手共進，開拓創新，大力弘揚中華優秀文化，創作出更多體現民族風格和時代精神的優秀美術作品，也希望通過這次展覽，能夠進一步加強浙江和台灣的文化交流與合作，增進兩岸人民之間的相互了解，共同維護和推進兩岸關系的和諧發展。開幕式上，江明賢向浙江美術館捐贈了展出作品《麗江古城》，浙江美術館館長斯舜威向江明賢頒發了收藏證書。

　　展覽將展至4月5日。

　　（來源：浙江省文化廳）

右起：台師大藝術學院長黃進龍.中國美院教授吳山明.浙江省台辦裴小玲主任.全國台聯梁國揚書記.海協會前會長陳雲林.浙江省文化廳長金興盛.江明賢教授.台灣文化藝術發展促進會長馮至美.策展人張家獻

江明賢教授(前中)陪海協會前會長陳雲林(前右)與浙江省台辦裴小玲主任(前左)觀賞畫作

佛光山－海峽兩岸文化遺產節（2013）

　　首屆"海峽兩岸文化遺產節"由佛光山與大陸文化部共同主辦，於2013年11月開幕，包含《護生畫集》文物展、"光照大千——絲綢之路的佛教藝術展"、話劇《最後之勝利》、"歡樂春節·浙江婺劇綜藝"、《老照片·新北京》攝影展、《山水化境——富春山居圖隨想》民族管弦樂組曲音樂會、"憶江南——浙江非物質文化遺產展"等七大系列活動，覆蓋台北、台中、高雄、台南、台東等台灣重要縣市，時間跨度長達7個月，是迄今持續時間最長的兩岸文化交流項目。

　　首先登場的是開幕典禮當天在佛光緣美術館台中館，展出最令人期待的《護生畫集》原作，這是浙江省博物館從豐子愷先生的好友廣洽法師捐贈的《護生畫集》中精選124件原作，第一次在台灣展出，晚間在台中中興堂並有一場「弘一法師·最後之勝利」的話劇演出。

　　《最後之勝利》是以弘一法師生命的最後一段旅程爲基礎，敘述這位德高望重的佛門高僧，面對一位十五少年的苦求，他泰然自若的接受意見，進山閉關。面對日本的軍隊的強硬利誘與威脅，他心如磐石，不惜以身殉教；彌留之際，回顧一生，自覺一事無成且一錢不值的「二一老人」。他以最堅定的信念寫下「最後之勝利」，表達對抗戰勝利的信心，在最黑暗的時期，鼓舞世人的鬥志，最後他感受到著華枝滿春，天心月滿的喜悅，悲心交集的離去。本劇堅持保留弘一大師的原話，在字字句句間讓觀眾細細體會弘一大師的高尚情操。

首屆"海峽兩岸文化遺產節"由佛光山與大陸文化部共同主辦，貴賓雲集，隆重盛大。
活動期間蒞臨嘉賓：
中國文化部常務副部長楊志今、副部長丁偉；中華文化聯誼會副祕書長李保宗；佛光山總館長如常法師、惠中寺住持覺居法師；立法委員林佳龍、楊瓊瓔、林滄敏、潘維剛；台中市市長胡志強、副市長徐中雄、文化局長葉樹珊；台中美術家協會理事長倪朝龍；浙江省文化廳副廳長柳河，浙江省博物館館長陳浩，副館長李剛；表演藝術家游本昌、豐一吟女士

活動花絮

海峽兩岸文化遺產節拉開序幕

2013年豐子愷-護生畫集特展在佛光緣美術館台中館展出

游本昌「弘一法師‧最後之勝利」話劇,在台北國父紀念館、台中中興堂演出

新聞剪影

海峽兩岸文化遺產節 惠中寺熱鬧揭幕

【人間社記者 蔡招娣 台中報導】2013-11-12

一場海峽兩岸文化、文物最大規模交流的活動「第一屆海峽兩岸文化遺產節」，11月12日上午在佛光山台中惠中寺舉行開幕典禮。由中國大陸文化部副部長暨中華文化聯誼會顧問楊志今與台中市副市長徐中雄等各界政商文化代表，共同拉下彩球，為這項提昇海峽兩岸文化交流合作揭開序幕。

佛光緣美術館總館長如常法師在代表主辦單位致詞時表示，星雲大師特別推崇及感謝促成這項活動的推手，中國大陸文化部副部長楊志今先生。同時在楊副部長的大力協助下，有史以來第一個由民間成立的北京「星雲公益教育基金會」也獲得了官方文化部的批可。為感謝楊志今的支持，如常法師特別代表大師致贈一筆字「有您真好」墨寶一幅，而楊副部長也回贈景德鎮「水點桃花」精美瓷器一套。

從小就涉獵豐子愷《西洋美術史》及《護生畫集》的如常法師說，大師在1991年曾指派依空法師遠赴浙江拜訪豐子愷的女兒豐一吟，在她的協助下，佛光緣美術館總共收藏了近130幅的作品。因此，在興建佛陀紀念館時，大師就將豐子愷的86幅《護生畫集》用大型浮雕方式永久典藏於碑牆上，讓來山信徒，對尊重生命能有更深刻的認識。

近年來，兩岸關係在和平發展的道路上不斷前行，在文化方面的交流與合作，更是取得令人矚目的成就。致力推動這項工作的中國大陸文化部副部長楊志今表示，很高興藉著「第一屆海峽兩岸文化遺產節」的機會來到台灣，初抵寶島就感受到濃濃的親情溫暖。看見開幕典禮嘉賓如雲，更感受到各界對兩岸文化的重視，他深表感動。在兩岸文化交流發展的新時期下，藉著這樣的交流活動，雙方得以共享民族智慧與先民卓越的藝術創作，他期待大眾能親身體驗蘊藏其中的文化魅力。他說，首屆的海峽兩岸文化遺產節是兩岸交流有史以來，時間最長、也是規模最大的一次文化活動。

由佛光山文教基金會及中華文化聯誼會、中華文物交流協會、浙江省文化藝術發展促進會共同主辦的「第一屆海峽兩岸文化遺產節」系列活動，將於11月起至2014年6月在台灣全省各地盛大舉辦。在長達七個月之久的七大藝文系列活動中，首先登場的是開幕典禮當天在佛光緣美術館台中館，展出最令人期待的《護生畫集》原作，這是浙江省博物館從豐子愷先生的好友廣洽法師捐贈的《護生畫集》中精選124件原作，第一次在台灣展出，晚間在台中中興堂並有一場「弘一法師‧最後之勝利」的話劇演出。

此次在佛光緣美術館台中館展出結合弘一大師的書法與豐子愷畫作的《護生畫集》，主要以「戒殺警世」、「善愛生靈」、「和諧家園」等為主題，較為全面地展現了《護生畫集》博深的思想內涵和精湛的藝術表現手法，使觀眾能對《護生畫集》有一個整體的認識。這項展出不但結合佛教思想與藝術創作，內容更是雅俗共賞，是近代最廣為人知與推崇的生命教育教材。展期從即日起至12月10日止，展出地點：台中市南屯區惠中路三段65號，展出時段：10:00-18:00（週一休館），洽詢電話：04-22520375，歡迎喜愛藝術創作的民眾前往欣賞。（新聞來源：人間通訊社）

【中國評論新聞】：胡志強晤楊志今：明年換台中到浙江參展

中評社台中11月13日電（記者鄧木卿）

中評社台中11月13日電（記者　鄧木卿）佛光山文教基金會及中華文化聯誼會、中華文物交流協會、浙江省文化藝術發展促進會共同主辦的"第一屆海峽兩岸文化遺產節"，11月12日在佛光緣美術館惠中寺台中館舉行，首場即展出"中國漫畫之父"豐子愷的"護生畫集"原作展覽，12日下午5點半，台中市長胡志強也前往惠中寺參觀，並且和文化部副部長楊志今碰面，兩人相談甚歡，約定明年換台中市到浙江參展。

浙江省博物館為了加強海峽兩岸文化交流，即日起在佛光山惠中寺展覽豐子愷的"護生畫集"中的124件真跡，台中市長胡志強、文化局長葉樹姍在下午市議會結束後，5點半亦趕到現場參觀。

胡志強說，20年前，他擔任"新聞局長"時，就已經跟隨星雲大師，成為三寶弟子，原本要出席上午的開幕儀式，但碰上市議會開會，所以只能利用傍晚時候來，他非常開心楊志今能來台中，而且把首屆的海峽兩岸文化遺產節選在台中舉行。

楊志今說，他剛到台中時，就深深感受到台中的文化創意和氛圍，他非常喜歡台中。大陸發生幾次天然災害，星雲大師都會前往大陸，對於安定人心起了很大作用，這次，希望文化遺產節的活動，讓台灣了解文化的精髓。

胡志強還說，明年換台中市到浙江省去參展，台中市沒什麼遺產可以拿去展覽，不過會展出深具台中地方文化產業特色的作品，為兩岸藝術活動盡點心力。

胡志強和楊志今互贈禮物後，相偕參觀豐子愷"護生畫集"，胡志強對於豐子愷悲天憫人的胸懷相當敬佩，停留50分鐘後離去。（新聞來源：中評社）

手繪圖索引

P93，無塵室天車

P95，吳江中佑機械

P102，香港大圈仔擄人

P105，工人鬧廠

P113，麥當勞廣發名片

P120，大樹下攬客妹

P125，杭州筧橋機場

P127，上海淮海路

P132，和平飯店

P134，和平飯店姻緣

P140，大陸女婿

P145，身心安頓

P147，第一棟房子

P154，日本寄宿家庭

P156，櫻花樹下野餐

P162，釣魚台國賓館

P169，藝術策展人

P180，台師大面試

P207，詭譎風雲飯局

P209，騎樓續攤

本書手繪插畫家
橘枳
Grace Chiu

國家圖書館出版品預行編目資料

扳手翻轉人生 耀動時尚/張家現著. -- 初版. -- 臺北市：
張家現, 2021.04

　　面； 　　公分

ISBN 978-957-43-8680-2(平裝)

1.張家現 2.臺灣傳記

783.3886　　　　　　　　　　　　　110004135

扳手翻轉人生 耀動時尚

作者 / 張家現

發行者 / 張家現

企劃撰文 / 周玉娥

初版一刷 / 2021年04月

定價 / 新台幣 450 元

ISBN / 978-957-43-8680-2

總經銷 / 全華圖書股份有限公司

地址 / 23671新北市土城區忠義路21號

電話 / (02)2262-5666

圖書編號 / 10511

郵政帳號 / 0100836-1號

全華網路書店 / www.opentech.com.tw

若您對本書有任何問題，歡迎來信指導jason816@kimo.com

（書籍版權屬張家現所有）